Ursula Beckmann, Ilka Beckmann

Mit Mitarbeitern konstruktiv umgehen

Strategien für Führungskräfte in der Pflege

Bibliografische Information der Deutschen Nationalbibliothek
Die Deutsche Bibliothek verzeichnet diese Publikation in der Deutschen Nationalbibliografie; detaillierte bibliografische Daten sind im Internet über http://dnb.d-nb.de abrufbar.

Besuchen Sie uns im Internet: www.altenpflege-online.net

Druck: Mundschenk Druck- und Vertriebsgesellschaft GmbH & Co. KG, Soltau

Foto Titelseite: fotolia, Contrastwerkstatt

Satz: Heidrun Herschel, Wunstorf

ISBN 978-3-86630-500-7

Ursula Beckmann, Ilka Beckmann

Mit Mitarbeitern konstruktiv umgehen

Strategien für Führungskräfte in der Pflege

VINCENTZ NETWORK

Inhalt

Vorwort **7**

Der ideale Mitarbeiter – die ideale Mitarbeiterin **9**
Den „idealen" Mitarbeiter beschreiben 9
Den „schwierigen" Mitarbeiter als den Normalfall akzeptieren 11

Schwierigkeiten vorbeugen **13**
Stellenbeschreibungen 13
Stellenanzeigen klar formulieren 14
Mitarbeiter auswählen 18
Gute Einarbeitung sichern 19

Grundlagen der Kommunikation – Update **21**
Wahrnehmung 21
Das Kommunikationsquadrat 23
Die Partnerzentrierte Gesprächsführung 25

Die acht Kommunikationsstile und ihre Bedeutung für die Praxis **29**
Der bedürftig-abhängige Stil 30
Der helfende Stil 32
Der selbst-lose Stil 37
Der aggressiv-entwertende Stil 39
Der sich beweisende Stil 43
Der bestimmend-kontrollierende Stil 45
Der sich distanzierende Stil 48
Der mitteilungsfreudig-dramatisierende Stil 51

Schwierige Gespräche führen **53**
Problemgespräche führen – Die Grundlagen
für *jedes* schwierige Gespräch 55
Problematisches Gesprächsverhalten 69

Motivationsfaktoren und ihre Wirkung **79**
Rahmenbedingungen und Motivationsfaktoren 81
Mitarbeiter motivieren 83

Der Mitarbeiter im Team **85**
Phasen der Teamentwicklung verstehen 85
Verschiedene soziale Rollen im Team 88

Der ideale Chef – Die ideale Chefin **91**
Führungsverständnis und Führungsaufgaben bestimmen 92
Die eigenen Werte hinterfragen 94
Das eigene Führungsverhalten reflektieren 95

Literaturverzeichnis **105**

Die Autorinnen **107**

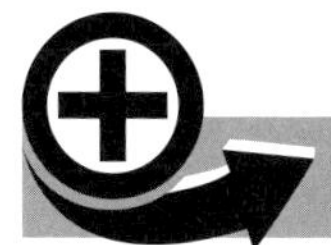

Jetzt Code scannen und mehr bekommen …

http://www.altenpflege-online.net/bonus

Ihr exklusiver Bonus an Informationen!

Ergänzend zu diesem Buch bietet Ihnen *Altenflege* Bonus-Material zum Download an. Scannen Sie den QR-Code oder geben Sie den Buch-Code unter www.altenpflege-online.net/bonus ein und erhalten Sie Zugang zu Ihren persönlichen kostenfreien Materialien!

Buch-Code: AH4912X

Vorwort

Stimmen aus der Praxis:
„Schwierige Mitarbeiter …

… kommen ständig zu spät.
… sind konfliktscheu.
… haben innerlich schon gekündigt.
… sind unzuverlässig.
… haben ständig etwas zu meckern.
… zetteln Intrigen an.
… verbreiten schlechte Stimmung.
… sind selten hilfsbereit.
… können keine Kritik annehmen.
… haben kein Vertrauen.
… profilieren sich auf Kosten anderer.
… sind schnell beleidigt.
… blocken bei Neuerungen immer ab.
… sind streitsüchtig.
… sind oft überforderte Mitarbeiter.
… sind oft überlastete Mitarbeiter.
… sind manchmal ausgebrannte Mitarbeiter.
… sind oft Perfektionisten.
… sind taktlos und verletzend im Umgang miteinander.
… können sich nicht organisieren.
… sind nicht ehrlich und offen im Umgang miteinander.
… können keine Prioritäten setzen.
… sind grundsätzlich immer dagegen."

Die genannten Verhaltensweisen sind wörtliche Zitate aus unseren verschiedenen Seminaren für (potenzielle) Führungskräfte, die Reihenfolge ist rein zufällig.

Der Umgang mit schwierigem, forderndem oder herausforderndem Verhalten von Mitarbeitern ist die „Königsdisziplin" der Führungsaufgaben, hier zeigen sich das ganze Können und die Einstellung von Vorgesetzten. Grundsätzlich stellt sich die Frage, was man denn als „Schwierigkeiten" bezeichnet, und weiter, ob man diese als den Normalfall im Arbeitsleben betrachtet oder als den Störfall, den es unbedingt zu verhindern gilt. Denn schwieriges Verhalten kann sehr verschiedenartig sein:

anstrengend, unangenehm, kompliziert, problematisch, stressig, nicht einfach, strapaziös, kritisch, eigen, schwer zu behandeln, wählerisch, schwer zufrieden zu stellen – der DUDEN[1] bietet allein 49 Synonyme für das Wort ‚schwierig'.
Es gilt daher zunächst, eine gewisse Ordnung in diese als „schwierig" empfundenen Verhaltensweisen zu bringen. Für die meisten werden dann konkrete Hilfen angeboten, wie Führungskräfte im Umgang Energie, Zeit und Nerven sparen können.

Die Ziele unseres Buches: das herausfordernde Verhalten des jeweiligen Mitarbeiters zu hinterfragen, einzuordnen und mögliche Ursachen durchschauen zu können und Wege aufzuzeigen, wie man das unerwünschte Verhalten mit geeigneten Maßnahmen nachhaltig ändern kann.

Gebrauchsanweisung für dieses Buch:
Das Buch vermittelt die Basis für jede Art von „schwierigem" Gespräch anhand einer vertieften Darstellung des **Problemgesprächs**. Zum Kritik- und Konfliktgespräch erfolgt jeweils ein Exkurs. Es wird auch auf den psychologischen Hintergrund eingegangen, ohne den Leser zum „Hobbypsychologen" machen zu wollen. Mit diesem Buch erhalten Führungskräfte Handlungshilfen für die Praxis, um flexibel dem Anlass und den eigenen Bedürfnissen und Vorlieben entsprechend auf Schwierigkeiten mit Mitarbeitern reagieren zu können.

Das Konzept der Praxis- und Theorie-Boxen, das sich bereits in dem Buch „Traumberuf Altenpflege"[2] bewährt hat, wird auch hier beibehalten.

Beispiel-Boxen mit vielen Tipps, Übungen und Fallbeispielen, die sich so oder so ähnlich tatsächlich im Alltag in der Altenpflege zugetragen haben, machen das Thema anschaulich und ermöglichen eine Auseinandersetzung mit eigenen Fragen und Problemen.

Info-Boxen bieten die Möglichkeit, bei Interesse das jeweilige Thema zu vertiefen oder dienen der Wiederholung. Sie können ohne Verlust eines „roten Fadens" auch übersprungen werden.
Außerdem bietet dieses Buch viele praktische TIPPS und Übungen. Dieses Buch funktioniert nicht nach dem „Rosinen-Prinzip": Sicherlich kann man sich auch einmal ein Kapitel gezielt herauspicken, grundsätzlich empfiehlt sich jedoch das Lesen von vorne nach hinten.

1 Duden 8, Das Synonymwörterbuch, S. 782.
2 Beckmann, Traumberuf Altenpflege, 2015.

Der ideale Mitarbeiter – die ideale Mitarbeiterin

Den „idealen" Mitarbeiter beschreiben

Wenn man die eben gelesenen „Stimmen aus der Praxis" umkehrt, dann wird klar, wie sich Führungskräfte ihre idealen Mitarbeiter wünschen: pünktlich, zuverlässig, anständig, vertrauenswürdig, hilfsbereit, freundlich, vertrauensvoll, bescheiden, selbstbewusst, offen für Neues, friedliebend, höflich, gut organisiert und ehrlich. Ferner soll der ideale Mitarbeiter das Machbare in einer Situation realistisch einschätzen können, seine eigenen Grenzen kennen und obendrein noch für sich selbst sorgen.

Dieser Katalog der Eigenschaften ließe sich sicherlich noch erweitern. Aber auf welche Eigenschaften und Kompetenzen können sich alle im Berufsfeld Altenpflege Tätigen einigen? – Ganz einfach: Um diese Frage beantworten zu können, muss man sich nur klar machen, womit Altenpflege im Alltag zu tun hat. Alte und pflegebedürftige Menschen sind hier den Pflegekräften meistens völlig ausgeliefert. Ihr Wohlbefinden, ihre Gesundheit und oft sogar ihr Leben hängen von den Personen ab, die sie versorgen. Niemand wird deshalb bestreiten, dass fachliche Kompetenzen – entsprechend der Ausbildung und Berufserfahrung -, Zuverlässigkeit und Einfühlungsvermögen für einen Altenpfleger unverzichtbar sind. Wünschenswert sind sicherlich auch ein gepflegtes Erscheinungsbild und höfliche Umgangsformen. Aber bereits dann, wenn man die beiden letztgenannten allgemeinen Voraussetzungen konkret beschreiben will, treten die Unterschiede in der subjektiven Bewertung auf: Was versteht man unter einem „gepflegten Erscheinungsbild"? Gehören Rastalocken oder pinkfarbene Strähnen im Haar dazu? Darf eine Pflegekraft Knoblauch essen, wenn sie am nächsten Morgen Dienst hat? Ist es höflich, dem Kollegen ehrlich zu sagen, dass er nach Schweiß riecht oder Mundgeruch hat? Oder sein Umgangston zu wünschen übrig lässt? Und was versteht man unter einem „guten Umgangston"?

Die Antworten auf diese Fragen hängen nicht vom „Geschmack" des einzelnen Chefs ab, sondern basieren auf dem persönlichen Menschenbild und den eigenen Wertvorstellungen. Wir leben in Deutschland in einer sehr offenen pluralistischen Gesellschaft, in der vieles erlaubt ist und vieles toleriert wird, was in anderen Kulturen nicht gestattet wäre oder was unsere eigenen Eltern oder Großeltern als „unanständig" angesehen hätten. Die Älteren sind noch mit dem Satz „Das gehört sich

einfach nicht." aufgewachsen. Keiner, der vor 1960 geboren ist, hätte es gewagt, als Kind diesen Satz zu hinterfragen! Je nach dem in der Familie herrschenden Erziehungsstil wäre eine Ohrfeige oder zumindest ein strafender Blick die Folge gewesen. Wenn man diesen Satz jedoch heute einem Kind sagen würde, müsste man sich auf stundenlange Diskussionen über das „Wieso? Weshalb? Warum?" gefasst machen. Und weil in einer pluralistischen Gesellschaft eine große Bandbreite an Verhaltensweisen möglich ist, sollte sich jede Führungskraft über die eigenen Werte im Klaren sein, hin und wieder darüber nachdenken und sie gegebenenfalls ändern (vgl. das Kapitel „Das eigene Führungsverhalten reflektieren"). Wer als Chef selbstständig denkende Mitarbeiter schätzt, muss natürlich gleichzeitig mit der „Kehrseite" dieser Eigenschaft leben, nämlich tolerieren, dass ebendiese Mitarbeiter widersprechen, Kritik üben und es häufiger zu Diskussionen kommen kann. Dann muss man gut mit Konflikten umgehen können, ohne gleich zulassen zu müssen, dass jeder zu jedem beliebigen Zeitpunkt jedes Thema zum x-ten Male lang und breit diskutiert. Eine der wichtigsten Aufgaben von Führungskräften ist es deshalb, einen deutlichen Rahmen vorzugeben und die Werte der Einrichtung transparent zu machen und möglichst auch vorzuleben. Und so kann es dann sein, dass der eine Chef in einer Einrichtung die „Querdenker" unter seinen Mitarbeitern als Bereicherung schätzt, während in einer anderen Einrichtung bei einem anderen Vorgesetzten das gleiche Verhalten auf wenig Gegenliebe stößt. So wie der Personalchef, der, um mit seinen eigenen Worten zu sprechen, „nach den Regeln aus der Champignonzucht" arbeitet: „Köpfe, die weit herausragen, werden gekappt!" (s. auch das Kapitel „Schwierigkeiten vorbeugen" und „Den eigenen Führungsstil herausfinden".)

BEISPIEL

Fallbeispiel „Die Punkerin als Altenpflegeschülerin"

Vor über 20 Jahren gab es eine Schülerin in unserem Fachseminar, die vor Beginn der Ausbildung häufig als Punkerin am Bahnhof „herumgehangen" hatte. Sie ging recht offen mit ihrer Vergangenheit um und hatte sich inzwischen von ihrem Punker-Outfit getrennt. Lediglich ihre Wortwahl ließ manchmal noch zu wünschen übrig. Ihre Mitschülerinnen und Mitschüler hatten während der drei Jahre der Ausbildung viel mit ihrer „Erziehung" zu tun: „Ey, Susanne, du bis' hier nich' am Bahnhof! Sprich' gefälligst anständig mit uns!", war ein häufig zu hörender Satz im Unterricht und in den Pausen. Im ersten Praktikumseinsatz gab es große Probleme, den Heimleiter zu überzeugen, es mit ihr zu versuchen. Erst als sie versprach, ihre Stacheldraht-Tätowierung am Hals immer unter einem Rolli oder Halstuch zu verstecken und wegen des tätowierten Totenkopfs auf dem Oberarm nie ärmellos zum Dienst zu erscheinen, stimmte er ihrer Einstellung zu. Es gab dann immer mal wieder Problemgespräche während der Ausbildung, weil sich Susanne im Ton vergriffen hatte. Aber sie kam von Anfang an gut mit den Bewohnern klar, und zum Schluss gab es ein recht ordentliches Zeugnis und einen völlig überzeugten Heimleiter, der ihr sogar eine Stelle anbot mit den Worten: „Na ja, 'n bisschen müssen wir noch an dir arbeiten, aber ich bin recht zuversichtlich, dass wir miteinander klar kommen werden!"

Den „schwierigen" Mitarbeiter als den Normalfall akzeptieren

Was man im Einzelnen also unter einem idealen Mitarbeiter versteht, ist individuell sehr unterschiedlich – abgesehen von den am Eingang dieses Kapitels erwähnten Mindestanforderungen vielleicht.
Wenn Personalverantwortliche aus dem englischen Sprachraum über einen schwierigen Mitarbeiter sprechen, verwenden sie gerne ein Zitat aus Shakespeares „Hamlet": „He's a piece of work" (wörtlich übersetzt = „Er ist ein Stück Arbeit"). Das heißt also nichts anderes, als dass man sich als Chef um einen solchen Mitarbeiter bemühen muss und an und mit ihm arbeiten muss. Man muss sein Verhalten hinterfragen, eventuell auch einmal bewusst beobachten, ihn vielleicht auch bei der Arbeit begleiten, muss Gespräche führen und möglicherweise genau überlegen, an welcher Stelle sich dieser betreffende Mitarbeiter gut einsetzen lässt.

BEISPIEL

Fallbeispiel Die lahme Ente Eva

Die Altenpflegerin Eva ist bei ihrer Arbeit wirklich sehr, sehr langsam, obwohl sie sich große Mühe gibt, schneller zu arbeiten. Dabei ist sie gleichzeitig aber sehr, sehr gründlich, zuverlässig und immer freundlich. Trotzdem gibt es häufig Kritik seitens der Kollegen und der Pflegedienstleitung. Die Wohnbereichsleitung hat sich in diesem Fall gefragt, ob Geschwindigkeit wirklich so ein wichtiges Qualitätsmerkmal in der Altenpflegearbeit ist. Und sie hat sinnvolle Einsatzmöglichkeiten für Eva gefunden. Die morgendliche Grundpflege bei zwei besonders problematischen, demenziell erkrankten Bewohnern, die alle übrigen Mitarbeiter immer an den Rand der Verzweiflung gebracht hatten, bereitet Eva nur wenig Probleme, weil sie so viel Ruhe und Einfühlungsvermögen ausstrahlt. Und beim Essenanreichen von Bewohnern mit Schluckstörungen und Bewohnern, die das Essen zeitweilig verweigern, kommt sie besser klar als ihre Kollegen. Sie arbeitet dabei eigenständig mit Logopäden und Physiotherapeuten zusammen und dokumentiert diese Zusammenarbeit auch für die Arztvisiten kompetent und zuverlässig.

Dieser Fall verdeutlicht, dass nicht jeder im Wohnbereich alles können und erledigen muss, sondern die Kunst der Personalführung gerade darin liegt, die Mitarbeiter ihren Talenten und Fähigkeiten entsprechend einzusetzen, ohne sie dabei ab-

zuwerten. Die entscheidende Frage ist doch: KANN der „schwierige" Mitarbeiter sich nicht anders verhalten oder WILL er nicht? In diesem Fall lautet die Antwort eindeutig: Eva kann nicht schneller arbeiten. In entsprechenden Problemgesprächen, die die Wohnbereichsleitung bereits geführt hatte, war Eva zwar einsichtig, aber es wurde schnell klar, dass sie an ihre Grenzen gekommen ist.

In ihrem Buch „Der ganz normale Wahnsinn – Vom Umgang mit schwierigen Menschen" vergleichen die Psychologen *Lelord* und *André* diese Situation mit schlechtem Wetter im Urlaub: Natürlich hätte jeder gerne nur gutes Wetter, aber sollte das Wetter dann doch einmal schlecht sein, dann muss man eben seine Aktivitäten und seine Kleidung an die Tatsachen anpassen, ohne sich davon gleich den gesamten Urlaub vermiesen zu lassen. Wenn ein Mitarbeiter also das erforderliche Verhalten nicht umsetzen kann, weil es ihm entweder an Wissen oder an kognitiven oder praktischen Fähigkeiten fehlt oder er die gewünschte Sozialkompetenz nicht hat, wird man als Führungskraft völlig andere Maßnahmen ergreifen müssen, als wenn mangelnder Wille die Ursache ist. An dieser Stelle kann erst einmal festgestellt werden, dass es den idealen Mitarbeiter objektiv nicht gibt. Es liegt immer an den Anforderungen, den Rahmenbedingungen und einer gewissen Flexibilität aller Beteiligten, ob ein Arbeitsverhältnis befriedigend für alle Beteiligten funktioniert. Dabei ist es grundsätzlich hilfreich, den Blickwinkel zu verändern und statt von „schwierigen Mitarbeitern" von „situationsbezogenem problematischen Verhalten" zu sprechen.

Außerdem macht diese Einstellung deutlich, dass man vielen Problemen vorbeugen kann, indem man als Personalentscheider genügend Sorgfalt auf die Auswahl des Mitarbeiters für eine neu zu besetzende Stelle walten lässt.

Schwierigkeiten vorbeugen

Viele Probleme mit sog. schwierigen Mitarbeitern müssten nicht entstehen, wenn die Personalauswahl und die Einarbeitung neuer Mitarbeiter mit Sorgfalt und genügend Zeit erfolgten. Wenn sich also die Personalverantwortlichen grundsätzlich ausreichend Zeit nehmen würden, könnten spätere Schwierigkeiten und Konflikte vermieden werden, was dann wiederum viel Zeit und Energie sparen würde. „Frust am Arbeitsplatz kostet die Unternehmen jährlich viele Milliarden. Konkret zeigen sich Frustrationen in der Störung des Betriebsklimas und in erhöhten Fehlzeiten."[3] Es ist erwiesen, dass sich allein durch „Innere Kündigung" einzelner Mitarbeiter die Arbeitsleistung um 10 – 40% reduziert. Sobald Pflegekräfte dauerhaft frustriert sind, werden sie bei nächstbester Gelegenheit die Einrichtung verlassen. Eine erhöhte Fluktuation mit all ihren Nachteilen ist die Folge.

Um eben diesen häufigen Wechsel in der Belegschaft möglichst zu vermeiden, ist zu Beginn der Beziehung Arbeitgeber – Arbeitnehmer bereits erhöhte Aufmerksamkeit empfohlen. Deshalb werden im Folgenden einige wichtige Aspekte des Personalauswahlverfahrens und einer gelingenden Einarbeitung vorgestellt. (Zur vertieften Erarbeitung sei auf entsprechende Publikationen verwiesen, die es bei den Berufsverbänden oder im Internet in zahlreicher Form gibt.)

Stellenbeschreibungen

Stellenbeschreibungen (auch Arbeitsplatzbeschreibungen) sind die Basis jeder neu zu besetzenden Stelle und jeder Stellenausschreibung. Sie müssen in jeder Einrichtung zwingend vorliegen. Diese Verpflichtung ergibt sich allein aus den entsprechenden gesetzlichen Regelungen der Pflegeversicherung, den Rahmenverträgen und insbesondere aus den Vergütungsvereinbarungen und dem Qualitätsmanagement. Im Grunde genommen geht es um die Beantwortung der Frage: *Wer* soll *welche* Aufgaben *wie* erfüllen?

Eine gute Stellenbeschreibung[4]**:**

- benennt die Aufgaben,
- klärt die Kompetenzen,
- definiert das Anforderungsprofil,
- enthält nur das Wesentliche, ist dabei aber so umfassend wie nötig,

3 Douma, Eva: Pflegekräfte pflegen, S. 18.
4 Douma, S. 89.

- ist auf den Betrieb und individuell auf den Mitarbeiter zugeschnitten,
- wird jedem neuen Arbeitsvertrag beigefügt,
- sollte alle 2 Jahre überprüft werden,
- muss alltagstauglich sein.

Außerdem empfiehlt *Douma*, jedem Arbeitsvertrag folgenden Satz hinzuzufügen: „Im Bedarfsfall und nach Anordnung durch die/den Vorgesetzte(n) ist der oder die Beschäftigte verpflichtet, zusätzliche und andere Aufgaben und Einzelaufträge zu übernehmen."[5]

Es ist wichtig und auch notwendig, sich genügend Zeit für die Einführung neuer Stellenbeschreibungen zu nehmen, diese mit den vorhandenen Mitarbeitern zu diskutieren und etwaige Änderungsvorschläge wohlwollend aufzunehmen und einzuarbeiten. Denn: „Eine ungelebte Stellenbeschreibung nutzt niemandem."[6]

Stellenanzeigen klar formulieren

Der allgemein übliche Weg zur Gewinnung neuer Mitarbeiter ist nach wie vor eine Stellenanzeige, sowohl die interne (wird nur innerhalb einer Einrichtung oder eines Trägers bekannt gemacht) als auch die externe Form. Letztere wird in Zeitungen, Fachzeitschriften oder im Internet[7] veröffentlicht.

Jede Stellenanzeige erfüllt zwei Hauptfunktionen: Erstens wird die offene Stelle beschrieben und zweitens kann sich der Arbeitgeber präsentieren. Je genauer und klarer beides geschieht, desto eher werden passende Partner zueinanderfinden. Unverzichtbare Angaben sind: die erforderliche berufliche Qualifikation, der Stundenumfang, der Beginn des Beschäftigungsverhältnisses, Angaben zur Vergütung und eine Adresse für die Bewerbung.

TIPP

Fünf hilfreiche Fragen

WER SIND WIR? – Präsentation der Einrichtung: Träger, Tätigkeitsfeld(er), Größe, Standort(e), Besonderheiten.
WEN SUCHEN WIR? – Berufliche Qualifikation, Zusatzqualifikationen, zu besetzende Position.
WAS ERWARTEN WIR? – Genaue Angaben zum Anforderungsprofil.

5 a.a.O.
6 Douma, S. 90.
7 Beispiele: www.meinejobs-pflege.de; www.medi-jobs.de.

WAS BIETEN WIR? – Vergütung, Vollzeit/Teilzeit, befristet/unbefristet, Besonderheiten.
WO KANN MAN DIE BEWERBUNGSUNTERLAGEN HINSCHICKEN? – Adresse, Ansprechpartner, Möglichkeiten, weitere Informationen vorab zu erhalten.

Es versteht sich eigentlich von selbst, dass man die Anzeige für eine Stelle in einem Beruf, in dem gute Bewerber Mangelware sind, möglichst attraktiv gestaltet. Denn die Konkurrenz schläft nicht. Desto verwunderlicher ist es, dass immer noch Stellenanzeigen zu finden sind, die wenige bis gar keine Informationen bieten und die die Chance, für sich als Arbeitgeber zu werben, nicht nutzen. Hier zwei Originalbeispiele:

BEISPIEL

„Das Altenheim St. XY in Z sucht zum 1. Oktober 2016

2 EXAMINIERTE
Altenpflegekräfte w/m
in Vollzeit

Wir sind eine stationäre Altenpflegeeinrichtung mit 90 Pflegeplätzen; inkl. 6 eingestreute Plätze in der Kurzzeitpflege.
Vergütung nach AVR.
Ihre Bewerbung richten Sie bitte an ... z. Hd. Frau ... bzw. an E-Mailadresse."

Oder etwa diese Kleinanzeige im Kleinformat 4,5 cm x 2 cm:

„Familienfreundlicher Pflegedienst in Z sucht
eine Pflegedienstleitung (m/w) mit dem Schwerpunkt
Qualitätsmanagement, in Vollzeit oder Teilzeit,
Bewerbung unter: E-Mailadresse oder: Tel. Nr."

Diese beiden Arbeitgeber sind sich wahrscheinlich gar nicht darüber im Klaren, wie eine solche Anzeige wirkt. Hier werden nicht nur die notwendigen Fakten sachlich vermittelt (= Sachseite einer Nachricht. Schulz von Thun lässt grüßen!), sondern eine solch „magere" Anzeige zeigt sozusagen auf der Beziehungsseite der Nachricht, dass hier jemand wenig Zeit, Mühe und – im zweiten Beispiel – Geld investiert hat und dadurch als Nebeneffekt eine geringe Wertschätzung für seine Mitarbeiter vermittelt.

Solchen kaum aussagekräftigen und vor allen Dingen wenig werbewirksamen Präsentationen des potenziellen Arbeitgebers stehen durchaus ATTRAKTIVE ANGEBOTE UND FORMULIERUNGEN gegenüber. Hier einige Beispiele (aus verschiedenen Originalanzeigen) dafür, was sich Einrichtungen einfallen lassen, um gute Pflegekräfte zu gewinnen:

- „Es erwartet Sie ein kollegiales und engagiertes Team."
- „Ein freundliches und junges Team von engagierten Mitarbeitern …"
- „Ein starkes Team wartet auf Sie."
- „Wir l(i)eben Pflege! DU auch? Super! Dann bist du bei uns genau richtig! Werde Teil unseres engagierten Pflegeteams, für das die Pflege mehr als nur ein Beruf ist."
- „Wir bieten Ihnen Gestaltungsmöglichkeiten im Sinne unseres Pflege- und Betreuungskonzepts."
- „Wir bieten interessante steuerbegünstigte Zuwendungen und ein attraktives Fort- und Weiterbildungsangebot."
- „Wir bieten unseren Mitarbeitern eine lebens- und menschennahe Alternative zum üblichen Pflegealltag jenseits von Zeitdruck, Überbelastung und Stress. Helfen Sie mit!"
- „Familien- und arbeitnehmerfreundlicher Pflegedienst sucht …"
- „Wir bieten Ihnen ein angenehm tragendes Betriebsklima."
- „Wir bieten Ihnen einheitliche Berufskleidung."
- „Wir bieten steuerfreie Erstattung der Kosten des Kindergartenbesuchs."
- „Wir bieten bezahlten Zusatzurlaub bei wichtigen Ereignissen der Kinder."
- „Bei uns erwartet dich eine familiäre, herzliche Arbeitsatmosphäre, ein unbefristeter Arbeitsvertrag, eine betriebliche Altersvorsorge, Nutzung von firmeneigenen Ferienhäusern und vieles mehr."
- „Haben Sie das Herz am rechten Fleck? Dann sind Sie in unserem Team herzlich willkommen."
- „Um unsere gute Arbeit fortsetzen zu können, sucht…"
- „Wir bieten eine bedarfsgerechte und familienfreundliche Arbeitszeitgestaltung."
- „Wir bieten eine individuelle Einarbeitung für Ihren erfolgreichen Einstieg in unser Unternehmen."
- „Wir bieten kostenlose Fortbildungsangebote und damit eine qualifizierte Entwicklung in unserem Unternehmen."

Und noch weitere Beispiele für freundliche und persönliche Ansprache:

- „Falls wir Ihr Interesse geweckt haben, senden Sie uns bitte Ihre Bewerbung an: …"
- „Erste telefonische Auskünfte erhalten Sie gerne von den Wohnbereichsleitungen unter Tel-Nr.: …"
- „Wir freuen uns auf Ihre Motivation und Ihr Engagement für dieses Arbeitsfeld. Aussagefähige Unterlagen senden Sie bitte an… Telefonische Rückfragen an: Vor- und Zuname"
- „Haben Sie Interesse an der Übernahme dieses anspruchsvollen Aufgabenfeldes und möchten nähere Informationen, so wenden Sie sich unter … vertrauensvoll an unseren Personalleiter Herrn …"
- „Ihre Bewerbung schicken Sie bitte an: Vor- und Zuname, PDL, oder rufen Sie uns an."
- „Wir sprechen Sie und Ihre persönlichen Wünsche an? Dann freuen wir uns, Ihre Bewerbungsunterlagen (gerne ohne Bewerbungsmappe) zu erhalten."
- „Neugierig geworden? Für ein erstes Kennenlernen ruf uns einfach ganz unkompliziert an."
- „Falls du ein Pflegeexamen in der Tasche hast, solltest du dich auf unserer Internetseite näher umschauen. Vielleicht gefällt dir das eine oder andere ja so gut, dass du dich bei uns bewerben magst? Das geht bei uns ganz leicht. Du hast mehrere Möglichkeiten. Nimm eine, die dir am besten gefällt."

TIPP

TIPPS zur Formulierung

Häufig verwendete Allgemeinplätze, die wenig Konkretes aussagen, vermeiden, z. B.: „Flexibilität, Engagement, Teamfähigkeit, Verantwortungsbewusstsein".
Selbstverständlichkeiten vermeiden, z. B.: „Einfühlungsvermögen in die Lebenssituation älterer und pflegebedürftiger Menschen", „Identifikation mit den Zielen des Hauses", „vielseitige Tätigkeit", „Fort- und Weiterbildungsmöglichkeiten", „selbständiges und eigenverantwortliches Arbeiten möglich".
Guten Aufbau wählen: „Eye-catcher" (= Blickfang) oder „Teaser" (= Aufmacher, Anreißer), z. B. in Form eines Logos, Signets, Fotos oder einer originellen Schrift (von Werbefachleuten beraten lassen!)
Attraktiver Einstieg, um Neugier zu wecken.
Nicht zu viele Infos: So wenig wie möglich, so viel wie nötig!
Nicht nur Informationen, sondern auch persönliche Ansprache bevorzugen.
ACHTUNG: Die Vorschriften des AGG (Allgemeines Gleichbehandlungsgesetz) beachten. Die Anzeige darf „keine Benachteiligung aus Gründen der Rasse oder wegen der ethnischen Herkunft, des Geschlechts, der Religion oder Weltanschauung, einer Behinderung, des Alters oder der sexuellen Identität" erkennen lassen.

Mitarbeiter auswählen

Es gibt sehr viele Hilfen auf dem Markt (Bücher, Fachzeitschriften oder Internet) zu diesem Thema. Auch hier gilt es, die gesetzlichen Vorgaben für VORSTELLUNGSGESPRÄCHE und Verfahren zur Bewerberauswahl zu beachten. Deshalb hier nur einige grundsätzliche Regeln:

- Gute Vorbereitung sollte selbstverständlich sein, kommt aber in der alltäglichen Hektik des Alltags oft zu kurz – wie wir aus eigener Erfahrung nur zu gut wissen.
- Am Anfang etwas Zeit nehmen für Small-Talk, um das „Eis zu brechen" und eine nette Atmosphäre zu schaffen. (Man erhält hier nebenbei häufig bereits interessante Infos.)
- Die allgemeine Gesprächsregel beachten, die hier besonders zum Tragen kommt: „Wer fragt führt."

Bewährt hat sich die Entwicklung eines passgenauen internen FRAGEBOGENS für die eigene Einrichtung, der für den Verantwortlichen die Grundlage des Einstellungsgesprächs ist, um während des GESPRÄCHSVERLAUFS nichts Wichtiges zu vergessen. Hier einige Beispiele:

- fachliches Anforderungsprofil/Berufserfahrungen/Fort- und Weiterbildungen,
- besondere Fähigkeiten und Fertigkeiten (wie zum Beispiel: mündliche und schriftliche Ausdrucksfähigkeit, PC-Erfahrung, Moderation von Besprechungen, Zeitmanagement),
- körperliche und psychische Belastbarkeit,
- Sensibilität für angemessenes Sozialverhalten,
- zeitliche Flexibilität,
- Offenheit für Neues, Aufgeschlossenheit, Kooperationsfähigkeit, Kreativität.

Auswahlkriterien: Leider ist es im Altenpflegebereich so, dass gute Bewerber schwer zu finden sind. Hier die Aussage einer PDL während eines Seminars: „Egal, ob gute Deutschkenntnisse, gepflegtes Äußeres, ich nehm' jeden, der zwei Hände hat." (Danach entstand übrigens eine heftige, kontroverse Diskussion zwischen den Teilnehmern, ob man eine Stelle lieber unbesetzt lassen soll, bevor man einen schlechten Bewerber einstellt, oder ob einfach jede zusätzliche Person zählt.) Auf jeden Fall sollte man sich vor Beginn der Gespräche einen eigenen Kriterienkatalog bilden nach

- einschlägigen Berufserfahrungen,
- einschlägigen Zusatzqualifikationen sowie

- dem persönlichen Gesamteindruck (von unvollständigen, fehlerhaften, verschmutzten Unterlagen über Pünktlichkeit und angemessene Kleidung bis hin zum Verhalten und Auftreten; hier sollte man eine eigene Gewichtung vornehmen).

Manchmal sind es ganz praktische Gründe, die bei der Entscheidung für einen Bewerber ausschlaggebend sind. Ein Heimleiter wählte die Bewerberin mit dem kürzesten Anfahrtsweg: „Im Winter bei Glatteis oder Schnee ist die Chance bei ihr einfach höher, dass sie zuverlässig und pünktlich ankommt, als bei der anderen, die den viel weiteren Weg gehabt hätte. Fachlich waren sie gleich gut qualifiziert, und sympathisch waren sie mir auch beide."

Auch bei Initiativbewerbern sollte man vorsorglich vollständige Bewerbungsunterlagen anfordern und es nicht bei vagen Telefonnotizen belassen!

Gute Einarbeitung sichern

„Zu einem guten Start gehört eine gute Vorbereitung. Nichts ist für neue, motivierte Mitarbeiter frustrierender, als gleich zu Arbeitsbeginn ‚dumm herumzustehen' und vergessen worden zu sein."[8] Zu den Selbstverständlichkeiten gehören: Begrüßung, Vorstellung der Kollegen, wichtige Informationen und die Aushändigung von notwendigen Unterlagen und Arbeitsmaterialien. Auch hier empfiehlt es sich, eine Checkliste für die eigene Einrichtung zu erarbeiten. Sie spart Zeit und bietet die Gewähr dafür, dass in der aktuellen Situation im Arbeitsalltag nichts Wichtiges vergessen wird.

TIPP

Checkliste Einarbeitung neuer Mitarbeiter

Termin des Arbeitsbeginns vormerken, Info an die Kollegen weitergeben.
Personalabteilung informieren, Personalunterlagen vervollständigen.
Einarbeitungsplan erstellen.
Gegebenenfalls Dienstkleidung beschaffen.
Stellenbeschreibung aktualisieren, wenn nötig.
Fachliche Unterlagen bereitstellen.
Informationen weitergeben an Kooperationspartner, gegebenenfalls Kontakte vermitteln.
Gegebenenfalls Kontakt zu Vorgänger/Vorgängerin herstellen.
Organisatorisches: Telefonliste aktualisieren, Reiter für Planungstafel bereitstellen usw.

8 Douma, S. 109.

Für ambulante Dienste zusätzlich an Fahrzeug bzw. Mobiliar, Technikausstattung, Telefon, Pflegekoffer usw. denken.

Rechtzeitig Termine festlegen für: Feedback- und Beurteilungsgespräche vor Ablauf der Probezeit!

Gute Erfahrungen haben Einrichtungen mit Paten für neue Mitarbeiter und Mentoren für neue, berufsunerfahrene Mitarbeiter gemacht. Wenn die Situation in der Einrichtung es zulässt, gibt es vielleicht sogar die Möglichkeit, am Anfang einmal das ganze Haus kennenzulernen, um einen Gesamtüberblick zu bekommen und den eigenen Arbeitsbereich besser einordnen zu können, indem man z. B. eine Pflegekraft in der Buchhaltung oder auch in der Hauswirtschaft hospitieren lässt und umgekehrt.[9]

9 Douma, S. 110.

Grundlagen der Kommunikation – Update

Jede Führungskraft sollte wissen, dass eine professionelle Kommunikation neben der fachlichen Basis die wichtigste Grundlage für erfolgreiches berufliches Handeln ist. Die Erfahrung aus dem Berufsalltag lehrt allerdings, dass in der Hektik der täglichen Praxis theoretische Erkenntnisse und das entsprechende Wissen leicht aus dem Blickfeld geraten. Und dann, wenn es wirklich kritisch wird und man ein schwieriges Gespräch führen muss, fällt einem die passende Handlungsstrategie nicht spontan ein und man reagiert wieder so, wie man immer schon reagiert hat. Und das ist eben manchmal nicht hilfreich.

Im folgenden „Update" werden zunächst einige wichtige Grundlagen der Kommunikation und Gesprächsführung wiederholt, (um danach näher auf konkrete Strategien für schwierige Situationen eingehen zu können.) An dieser Stelle wird eine Auswahl der „Instrumente" aus den Bereichen Kommunikation und Gesprächsführung beschrieben. In den folgenden Kapiteln werden weitere Methoden und Strategien passgenau für die jeweilige Situation vorgestellt und näher erläutert.

Außerdem sollte jede Führungskraft ohnehin über einen kompletten „Werkzeugkoffer" mit verschiedenen Werkzeugen und Instrumenten verfügen, die sie in entsprechenden Situationen fachgerecht verwenden kann, denn eine professionelle Kommunikation gehört in jedem sozialen Beruf zum Handwerkszeug.

Wahrnehmung

Grundlage jeder zwischenmenschlichen Kommunikation ist die Wahrnehmung von Informationen mit den Sinnesorganen. Dieser Wahrnehmungsprozess funktioniert nach bestimmten Organisationsprinzipien, die wie eine Art Filter wirken, um eine Reizüberflutung zu vermeiden. So werden viele Informationen gar nicht erst zur Kenntnis genommen und viele sofort oder später wieder vergessen (Ultrakurzzeit-, Kurzzeit- und Langzeitgedächtnis). Jeder Mensch trifft aus der unendlichen Vielzahl der ununterbrochen auf ihn einströmenden Reize eine individuelle Auswahl, die auf der Basis der persönlichen Erfahrungen herausgefiltert, bewertet und bei Interesse gespeichert werden. Wahrnehmung ist also immer selektiv und subjektiv. Das ist auch der Grund dafür, dass es fast unmöglich ist, einen Sachverhalt oder die wichtigsten Inhalte einer Teambesprechung *objektiv* weiterzugeben, z. B. an eine Kollegin, die krank war. (Wenn zwei Kollegen, die beide teilgenommen hatten, die Kollegin über die Inhalte und den Verlauf der Besprechung informie-

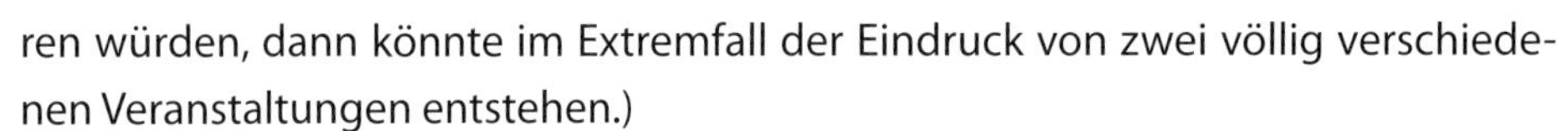

ren würden, dann könnte im Extremfall der Eindruck von zwei völlig verschiedenen Veranstaltungen entstehen.)

In vielen Studien und Experimenten wurde nachgewiesen, wie störanfällig der Wahrnehmungsprozess ist. Gut erforscht sind zum Beispiel Beurteilungsfehler wie der „Haloeffekt", ferner Mechanismen von Selbst- und Fremdwahrnehmung wie der „Blinde Fleck" (vgl. das Kapitel „Das eigene Führungsverhalten reflektieren") und der „Erste Eindruck". So kompliziert wie diese Vorgänge nun einmal sind, sollte man sich über jedes halbwegs gelungene Gespräch freuen, anstatt sich ständig über Missverständnisse in der Kommunikation zu ärgern!

INFO

Haloeffekt und Erster Eindruck

Haloeffekt: Ein „Halo" ist zunächst einmal ein physikalisches Phänomen. Rund um eine Lichtquelle, zum Beispiel bei bestimmten Witterungsverhältnissen um die Sonne oder den Mond, gibt es einen strahlenden „Hof", der durch Reflexion von Licht hervorgerufen wird. In der Psychologie meint man damit eine negative oder positive Beeinflussung bei der Beurteilung einer Person durch Vorkenntnisse oder dadurch, dass ein Persönlichkeitsmerkmal (zum Beispiel eine Behinderung, ein Dialekt, eine Tätowierung oder eine Haarfrisur) so viel Aufmerksamkeit auf sich zieht, dass andere Eigenschaften und der Gesamteindruck davon „überstrahlt" werden.

Erster Eindruck: Bereits im ersten Moment einer Begegnung mit einem Fremden, zum Beispiel an einer Bushaltestelle, haben wir nach wenigen Sekunden entschieden, ob uns dieser Mensch „sympathisch" oder „unsympathisch" ist. Meistens ist uns gar nicht bewusst, worauf sich unsere Meinung gründet.
Die moderne Hirnforschung ist in der Lage, mit bildgebenden Verfahren die vielfältigen Aspekte zu untersuchen, die bei der Entstehung des Ersten Eindrucks eine Rolle spielen: In Sekunden werden nämlich Merkmale wie zum Beispiel Alter, Geschlecht, Gang, Mimik, Gestik, Kleidung und Sprechweise von unserem Gehirn „gescannt" und daraus aufgrund von Erfahrungen eine Einschätzung gebildet. Es war für Menschen in Urzeiten überlebenswichtig, einen Fremden blitzschnell einordnen zu können. Auch heute noch bildet der Erste Eindruck die Basis über den weiteren Verlauf einer Beziehung. Da der Erste Eindruck die Tendenz zur Verfestigung in Form eines Vorurteils hat, das im weiteren Verlauf einer Beziehung nur schwer korrigierbar ist, ist es gerade für Führungskräfte besonders wichtig, über diese Mechanismen Bescheid zu wissen.

Das Kommunikationsquadrat

Das Kommunikationsquadrat mit seinen vier Seiten, den „Vier Schnäbeln und vier Ohren", ist eines der bekanntesten Modelle zwischenmenschlicher Kommunikation.[10]

INFO

Das Kommunikationsquadrat

Das Modell wurde von Prof. Dr. Friedemann Schulz von Thun, emeritierter Professor an der Universität Hamburg und Mitbegründer einer humanistisch-systemischen Kommunikationspsychologie[11], entwickelt. Jede Nachricht hat vier Seiten: Sache, Selbstkundgabe, Beziehung und Appell.

Die Sachseite drückt aus, worüber informiert wird, also den sachlichen Inhalt einer Nachricht. Hier geht es um Daten, Fakten und Sachverhalte. Diese kann der Gesprächspartner nach den Kriterien „Richtig oder falsch? Wahr oder unwahr? Wichtig oder unwichtig? Ausreichend oder unvollständig?" aufnehmen. Der Sender muss sich möglichst klar und verständlich ausdrücken, der Empfänger kann entsprechend reagieren.

Die Selbstkundgabeseite drückt aus, was der Sender durch seine Äußerung gleichzeitig über sich selbst kundgibt (öffentlich macht) – bewusst oder unbewusst, freiwillig oder unfreiwillig. Wenn zum Beispiel die Pflegekraft während der Grundpflege sagt, sie habe ein offenes Ohr für die Sorgen des jeweiligen Gesprächspartners, und dabei völlig abgehetzt wirkt, dann wird der Eindruck von Zeitnot unbeabsichtigt auf der Selbstkundgabeseite mitvermittelt. Ihre Äußerung: „Ich habe jetzt Zeit für Sie", wird durch den nonverbalen Eindruck infrage gestellt. Oder wenn jemand im Vorstellungsgespräch zwar nach außen souverän und selbstbewusst auftritt, bei der Begrüßung aber dem Personalchef eine schweißnasse, kalte Hand reicht, verrät er damit ungewollt seine Nervosität.

Die Beziehungsseite sagt etwas darüber aus, wie man zu seinem Gegenüber steht und was man von ihm hält. Dieses geschieht durch Tonfall, Wortwahl, die Art der Formulierung, Mimik, Gestik oder andere körpersprachliche Mittel. Der Empfänger reagiert auf diese Seite einer Nachricht in der Regel sehr aufmerksam und empfindlich, weil hier Wertschätzung, Achtung und Respekt oder Misstrauen, Ablehnung und Ignoranz gegenüber dem Gesprächspartner vermittelt werden. Wenn man sich über eine Äußerung ärgert, ist das meistens ein Indiz dafür, dass man als Empfänger mit dem Beziehungsohr hingehört hat.

Die Appellseite drückt aus, was man durch das Gesagte bei seinem Gesprächspartner erreichen möchte. Der Empfänger fragt sich: „Was soll ich jetzt tun, denken oder fühlen?" Ein Appell kann entweder offen „Bitte mach' die Tür zu!" oder verdeckt „Mensch, ist das hier kalt!" geäußert werden.

10 Schulz-von-Thun, Miteinander reden: 1.
11 www.schulz-von-thun.de, Stand vom 05.11.2014.

Viele Missverständnisse in Gesprächen können mit diesem Modell erklärt werden. Ein Empfänger kann zum Beispiel auf eine Seite der Nachricht reagieren, die dem Sender in diesem Moment gar nicht wichtig war. Oder ein Sender hat sich irreführend ausgedrückt, Tonfall oder Mimik passen nicht zueinander. Dadurch, dass der Sender mit „vier Schnäbeln" spricht und der Empfänger mit „vier Ohren" hört, ist die Gefahr, aneinander vorbei zu reden, sehr groß. Sender und Empfänger sind deshalb beide für ihre klare, eindeutige, möglichst unmissverständliche Kommunikation verantwortlich.

BEISPIEL

Fallbeispiel „Die Ohren der Kollegen B und S"

Kollege B (wie „Beziehung") fühlt sich häufig bereits kritisiert, wenn lediglich eine sachliche Frage gestellt wird: „Wo hast du die Wundsalbe von Frau A hingelegt?" Seine Antwort lautete in diesem Fall: „Ja, sag' doch gleich, dass du mich für schlampig hältst." Anstatt: „Oberstes Regal links im Bad." Er ist mit einem übergroßen und sehr empfindlichen Beziehungsohr ausgestattet. Solche Menschen liegen ständig auf der „Beziehungslauer", sie beziehen alles auf sich persönlich und verwenden viel Energie darauf zu prüfen, was andere von ihnen halten.

Das völlige Gegenteil ist sein Kollege S (wie „Selbstkundgabe"), er zieht sich nicht einmal eindeutige Kritik an: „Könntest du bitte die Salbe von Frau A immer an denselben Platz legen, damit ich sie nicht ständig suchen muss?" – Antwort des S: „Ach, wohl wieder mit dem falschen Bein aufgestanden? Hast wohl schlechte Laune, dass du so an mir rummeckerst?" S hört hier mit dem Selbstkundgabeohr hin, ist mit seiner Aufmerksamkeit beim Gegenüber und fühlt sich persönlich überhaupt nicht betroffen.

Beide Extreme sind schwierig im Umgang: Während Kollege B immer mit seiner eigenen Befindlichkeit beschäftigt ist, überlegt, was der andere wohl gemeint haben könnte und wie er bei anderen ankommt, ist Kollege S mit seiner Aufmerksamkeit immer bei den anderen und „diagnostiziert" eher die Befindlichkeit und das Verhalten seines Gesprächspartners, anstatt zu überlegen, wie er selbst betroffen ist oder sein sollte.

Was der eine zu viel hat, hat der andere zu wenig.

Die Partnerzentrierte Gesprächsführung

Carl R. Rogers, amerikanischer Psychologe und Mitbegründer der humanistischen Psychologie, entwickelte die „Klientenzentrierte Gesprächsführung" aus seiner psychotherapeutischen Arbeit heraus. Seine Überzeugung, dass jeder Mensch von innen heraus nach positiver Weiterentwickelung strebt, ist die Basis dieser Gesprächsführung. Durch die Arbeit von *Thomas Gordon* („Familienkonferenz", 1972) und anderen bildete sich daraus die „Partnerzentrierte Gesprächsführung". Man findet diese Methode – auch unter dem Begriff „Personenzentrierte Gesprächsführung" – mittlerweile nicht nur im therapeutischen Bereich, sondern in allen beratenden psycho-sozialen, pflegerischen und pädagogischen Arbeitsfeldern und in Managementfortbildungen. Der Gesprächspartner steht hierbei immer im Mittelpunkt; der Gesprächsführende trägt die Verantwortung für den Ablauf. Jedes Gespräch profitiert von den wesentlichen Elementen der Partnerzentrierten Gesprächsführung. Für lösungsorientierte Problemgespräche sind die GRUNDHALTUNGEN Kongruenz, Akzeptanz und Empathie unverzichtbar.

Kongruenz (= Echtheit) bedeutet, sich während des Gesprächs seiner eigenen Gefühle und Einstellungen bewusst zu sein und dieses auch zeigen oder äußern zu können (oder auch nicht zu zeigen und nicht zu äußern), wenn man es für sinnvoll und angemessen hält. In seiner beruflichen Rolle echt zu sein, heißt, die Motivation für das eigene Verhalten zu kennen, reflektieren zu können und sich bewusst für eine bestimmte Reaktion im Gespräch zu entscheiden. Es geht also nicht darum, um jeden Preis immer ehrlich zu sein, sondern auszuwählen, welche Äußerung oder Reaktion man in dieser Gesprächssituation für hilfreich hält, wohl wissend, dass niemand seine Probleme auf Dauer hinter einer professionellen „Fassade" verstecken kann.

Akzeptanz (= Positive Wertschätzung) bedeutet, dem anderen eine nicht an Bedingungen gebundene Achtung als Person entgegenzubringen und ihn mit seinen Stärken und Schwächen als Mensch zu sehen. Es bedeutet nicht, auch inhaltlich einer Meinung zu sein. Das Bemühen, den anderen mit all seinen Fehlern und Problemen anzunehmen, ist für *Rogers* von zentraler Bedeutung für jede konstruktive zwischenmenschliche Beziehung. Man kann dabei zwar unterschiedlicher Meinung sein, doch muss der andere spüren, dass die gute zwischenmenschliche Beziehung davon nicht beeinträchtigt wird.

Empathie (= Einfühlendes Verstehen oder Verbalisieren emotionaler Erlebnisinhalte) bedeutet, sich in das Empfinden des Gesprächspartners einzufühlen und zu versuchen, die vom Partner indirekt geäußerten Emotionen zu erspüren und diese Vermutungen möglichst präzise beschreibend und zugleich in einer offenen Form wiederzugeben, wenn man das für angebracht hält. Wichtig ist es dabei zu versuchen, den Blickwinkel des anderen einzunehmen, um dessen Bezugsrahmen zu verstehen. Dabei geht es vor allem um die emotionale Bedeutung, denn viele Probleme liegen auf einer emotionalen Ebene und lassen sich deshalb rational nicht lösen.

Diese Form der Gesprächsführung ist sehr anspruchsvoll und verlangt viel Übung. Manche Menschen sind von Natur aus an mitmenschlichem Verhalten interessiert, sind reflektiert und sehr einfühlungsbegabt, ihnen fällt Empathie von Natur aus leichter als sehr aktiven und impulsiven Menschen. Es gibt viele verschiedene Seminaranbieter für die Gesprächsführungsmethode nach Rogers als „personenzentrierte" oder „klientenzentrierte" Gesprächsführung, darunter auch spezielle Angebote für den Bereich der Pflege.

BEISPIEL

Fallbeispiel Schwester Bianca

„Schwester, immer muss ich Sie um Hilfe bitten. Ich kann fast nichts mehr alleine machen!" - „Aber dafür bin ich doch da! Das mach' ich doch gerne!", antwortet Bianca in fröhlichem Ton. Diese gutgemeinte, tröstende Antwort ignoriert die Befindlichkeit des Bewohners, die hinter seiner Äußerung stecken kann. Mancher Mensch würde sich bei einer solchen Reaktion wie der Biancas nicht verstanden fühlen. Denn hinter der Äußerung des Bewohners können ganz verschiedenartige Gefühle stehen: Trauer (über die verlorenen Fähigkeiten), Hoffnungslosigkeit (weil sich daran nichts mehr ändern wird), Wut (über die eigene Abhängigkeit) oder Angst (vor einer weiteren Verschlimmerung des eigenen Zustands). Eine mögliche bessere Antwort Biancas im Sinne der partnerzentrierten Gesprächsführung wäre bei einer derartigen Äußerung, das vermutete Gefühl aufzugreifen: „Sie sind traurig/enttäuscht/wütend, nachdem Sie früher immer so aktiv waren und vieles selber gemacht haben?" Diese offene Form der Antwort - möglichst in einem leicht fragenden Tonfall geäußert – könnte ein hilfreiches Gespräch einleiten. Der Bewohner könnte seine Gefühle zumindest einmal aussprechen, und möglicherweise wäre sogar eine tiefergehende Klärung seiner Sorgen oder seines Ärgers möglich.

Nicht jedem ist einfühlsames, geduldiges und wertschätzendes Verhalten gegenüber seinen Mitmenschen in die Wiege gelegt. Aber selbst wenn man ein aktiver, spontaner und direkter Typ ist, felsenfest davon überzeugt, immer für alle und alles das Richtige zu wissen und zu wollen (und sich dadurch vielleicht nach landläufiger Meinung gut als Führungskraft eignet), sollte man dennoch in einem Beruf, in dem man viel mit Menschen zu tun hat, sich um ein Mindestmaß an Empathie und Akzeptanz bemühen. Und da Kongruenz viel mit der Klärung der eigenen beruflichen Rolle und einem authentischen und überzeugenden Auftreten zu tun hat, sollte eigentlich jeder ein möglichst ‚kongruentes' Verhalten anstreben – völlig unabhängig vom jeweiligen Beruf.

Die acht Kommunikationsstile und ihre Bedeutung für die Praxis

Unter „Stil" wird die Art und Weise des sprachlichen Ausdrucks eines Individuums verstanden. „Mit jedem Stil verbinden sich bestimmte innere Verfassungen: ein Gemisch aus Bedürfnissen, Gefühlen, Stimmungen und Absichten"[12], die sich jedoch *nicht* gegenseitig ausschließen. Das bedeutet, dass ein Mensch also durchaus in verschiedenen Stilen kommunizieren kann. Denn einerseits erklärt sich der persönlich bevorzugte Kommunikationsstil einer einzelnen Person zwar aus ihrer Vergangenheit und ist dadurch untrennbar mit ihrer Persönlichkeit verbunden, andererseits spielen aber die Beziehung der Gesprächspartner und die aktuelle Gesamtsituation eine entscheidende Rolle für die Auswahl des in einer Situation bei einem Mitarbeiter zu beobachtenden Kommunikationsstils.

Schulz von Thun beschreibt ACHT VERSCHIEDENE KOMMUNIKATIONSSTILE:[13]

1. der bedürftig-abhängige Stil
2. der helfende Stil
3. der selbst-lose Stil
4. der aggressiv-entwertende Stil
5. der sich beweisende Stil
6. der bestimmend-kontrollierende Stil
7. der sich distanzierende Stil
8. der mitteilungsfreudig-dramatisierende Stil.

Es wird bei der folgenden Beschreibung der verschiedenen Stile zunächst einmal bewusst nicht unterschieden, ob die Kommunikation im Arbeitsalltag zwischen Führungskräften und Mitarbeitern, zwischen Kollegen untereinander oder zwischen Pflegekräften und Bewohnern oder Angehörigen stattfindet. Im Vordergrund steht aber eindeutig das Verhalten des Mitarbeiters, der – in welcher Situation auch immer – bevorzugt in dem beschriebenen Stil kommuniziert. Es ist damit – und das sei an dieser Stelle noch einmal ausdrücklich betont – keine Typologie, mit der immer die Gefahr eines „Schubladendenkens" verbunden ist, gemeint.

12 Schulz von Thun, 2, S. 65.
13 Schulz von Thun, 2, S. 65 ff.

Der bedürftig-abhängige Stil

Beschreibung und Bedeutung

Der bedürftig-abhängige Stil kommt im Arbeitsalltag im Bereich der Altenhilfe häufig vor, weil er die Situation, in der sich Bewohner, Patienten oder Angehörige befinden, verkörpert: „Sie müssen mir helfen, ich kann das nicht mehr allein!" Dieser so oder so ähnlich von Pflegebedürftigen meistens in einem bedauernden, klagenden Tonfall ausgesprochene Satz bestärkt den in dieser Weise Angesprochenen in seiner Stärke und Kompetenz. Natürlich ist dieser Kommunikationsstil nicht allein auf Pflegebedürftige beschränkt. Vor allem Menschen ohne ausgeprägtes Selbstvertrauen haben oft ein bedürftig-abhängiges Kommunikationsmuster entwickelt. Sie trauen sich vieles nicht zu und verlassen sich gerne auf stärkere Personen in ihrem Umfeld.

Wirkung und Umgang mit Problemen

Wie bereits deutlich gemacht, ist der bedürftig-abhängige Kommunikationsstil eher charakteristisch für die Adressaten des pflegerischen Handelns, nämlich die Pflegebedürftigen. Für Pflegefachkräfte hingegen ist diese Art zu kommunizieren im Arbeitsalltag mit Bewohnern, Patienten und Angehörigen ausgesprochen untypisch. Außerdem würde man allenfalls Auszubildenden, Praktikanten, Hilfskräften oder Berufsanfängern unsicher wirkende Äußerungen zugestehen. Bei erfahrenen Fachkräften hingegen würde man ein solches Verhalten als unangemessen empfinden. Im Pflegealltag würden sich Bewohner und Angehörige bei zögerlich wirkenden Mitarbeitern nicht sicher aufgehoben fühlen und hätten wahrscheinlich insbesondere in problematischen Situationen kein Vertrauen.
Da es aber auch unter Fachkräften unsichere Mitarbeiter gibt, die bei schwierigen Entscheidungen oder unbekannten Notfallsituationen schnell überfordert sind, besteht in solchen Fällen Handlungsbedarf. In Gesprächen zwischen Führungskraft und Mitarbeiter ist den näheren Ursachen für diese Unsicherheiten auf den Grund zu gehen. Sind unzureichende Kenntnisse und Fertigkeiten der Grund, kann man entweder gezielte Anleitungen durch erfahrene Kollegen veranlassen oder die Betreffenden durch Fortbildungen schulen. Ist die Unsicherheit eher ein Merkmal der gesamten Persönlichkeit, sollte man mit einfühlsamen Feedbackgesprächen versuchen, Selbstbewusstsein bei dem Mitarbeiter aufzubauen. Auch empfiehlt es sich hier, durch gezielte Arbeitsaufgaben das Selbstwertgefühl zu stärken und dadurch positiv auf die weitere berufliche Entwicklung des Mitarbeiters einzuwirken. Diese

Aufgaben sollten nicht zu einfach sein, sondern durchaus eine Herausforderung darstellen. Andernfalls wird die Absicht leicht durchschaut und verfehlt dann eventuell ihr Ziel, weil der betreffende Mitarbeiter sich nicht ernst genommen fühlt. Die Einschätzung der persönlichen Bedürfnisse des entsprechenden Mitarbeiters sollte bei dieser Art von Intervention im Vordergrund stehen, ohne dabei die täglich anfallende Arbeit außer Acht zu lassen.

BEISPIEL

Fallbeispiel Der liebe Sebastian

Der junge Altenpfleger Sebastian ist ein reiner Menschenfreund, der niemanden verletzen möchte. Obwohl er schon 3 Jahre in der Einrichtung ist und alle Abläufe kennt, scheut er sich vor schwierigen Aufgaben. Besonders unangenehm findet er Konflikte oder Streit im Team. Deshalb möchte er bei niemandem anecken und es sich mit keinem verscherzen. „Macht mal so, wie ihr meint“, ist ein oft von ihm geäußerter Satz. Zurzeit ist er Praxisanleiter bei einer eher schlechten Schülerin und müsste dringend ein kritisches Gespräch mit ihr führen, was ihm überhaupt nicht liegt. Deshalb versucht er, das anstehende Kritikgespräch und die Beurteilung an seine Kollegin Rita abzugeben: „Du arbeitest doch auch viel mit der zusammen und kennst ihre Arbeitsweise. Du kriegst das viel besser hin. Ich tu' mich doch immer so schwer, jemanden zu kritisieren. Kannst du das nicht für mich machen?“

Als Vorgesetzter sollte man sein Team im Blick haben. Wenn dabei der Eindruck entsteht, dass sich ein Mitarbeiter bewusst bedürftig-abhängig darstellt, um unliebsamen Aufgaben aus dem Weg zu gehen, muss man unverzüglich eingreifen. Durch gezielte Anweisungen sollte dieses Verhalten schnellstmöglich unterbunden werden. Die Kollegen, auf deren Buckel die schwierigen Arbeiten abgeladen werden und die ein solches Verhalten möglicherweise nicht durchschauen, muss man ebenfalls durch klare Anweisungen schützen und entlasten. Und wenn – wie in diesem Fall – die Aufgabe eindeutig zur Rolle des Mitarbeiters gehört, dann darf man als Vorgesetzter kein Entweichen durchs „Hintertürchen“ gestatten - entsprechend dem bequemen Motto: „Ich bin ja so demokratisch. Meine Mitarbeiter regeln das schon untereinander“. Für Sebastian wäre sicher ein aufmunternder „Schubs“ seitens der Wohnbereichsleitung verbunden mit einer konkreten Hilfestellung für das „erste Mal“ angebracht. Und an Rita der Appell: „Das kriegt der schon hin, lass' ihn ruhig machen!“

Klare und eindeutige Arbeitsplatzbeschreibungen, die gegebenenfalls auf den einzelnen Mitarbeiter angepasst werden, sind dabei sicherlich eine große Hilfe, um Probleme dieser Art gar nicht erst aufkommen zu lassen.

TIPP

Praxis-Tipps:

- Den Ursachen für dieses unsicher wirkende Kommunikationsverhalten auf den Grund gehen!
- Mangelnde Kenntnisse und Fertigkeiten ausgleichen!
- Selbstwertgefühl stärken!

Der helfende Stil

Beschreibung und Bedeutung

Der helfende Stil ist als Gegenstück zum bedürftig-abhängigen Stil zwar nicht ausschließlich auf Menschen in Helferberufen beschränkt, aber natürlich in diesem Arbeitsfeld weit verbreitet. Grundsätzlich kann jeder Mensch sich für Schwache und Hilflose einsetzen und als innere Haltung kundtun: „Ich bin immer für andere da." Durch eine solche Einstellung erwirbt man sich meistens Dankbarkeit und Anerkennung. Bei einer auffallend stark ausgeprägten hilfsbereiten Haltung liegt nicht selten eine besondere psychische Disposition zugrunde, die in der Literatur unter dem Begriff „Helfersyndrom" bekannt geworden ist. „Von der helfenden Strömung können wir umso leichter erfasst werden, je mehr wir mit unseren eigenen schwachen und hilfsbedürftigen Anteilen auf Kriegsfuß stehen."[14] *Wolfgang Schmidbauer*, der den Begriff in seinem Buch „Die hilflosen Helfer" geprägt hat, beschreibt Menschen mit einem Helfersyndrom als solche, die ihre eigenen Unsicherheiten und ihre Hilfebedürftigkeit hinter einer starken Fassade verstecken, weil sie große Angst davor haben, sich ihre Schwächen einzugestehen.[15]

Wirkung und Umgang mit Problemen

In Pflegeberufen treffen Menschen aufeinander, die bevorzugt im helfenden Stil kommunizieren, weil dieser Stil ihrer Persönlichkeit und ihrer Motivation für die Wahl dieses Berufs entspricht. Das ist zunächst einmal grundsätzlich nicht negativ. Möglicherweise kann dieser Umstand aber zur Folge haben, dass auch Kollegen untereinander schnell „anspringen" und einander helfen, wenn – vermeint-

14 Schulz von Thun, 2, S. 88.
15 Schmidbauer, Vortrag 2004.

lich oder tatsächlich – Hilfe benötigt wird. Dieses Phänomen tritt unabhängig von den Hierarchieebenen im Pflegebereich auf, denn man kann sich im Verlaufe seines Berufslebens von der Pflegehilfskraft zur Pflegefachkraft, weiter zur Wohnbereichs- und Pflegedienstleitung und eventuell noch weiter „nach oben" hocharbeiten. In der Position einer Führungskraft „oben" angekommen, bedeutet das nicht automatisch, die helfende Grundeinstellung aufzugeben.

Problematisch wird die innere Einstellung, die sich im helfenden Kommunikationsstil erkennen lässt, immer dann, wenn ein Helfer ständig über die eigenen Belastungsgrenzen hinausgeht, ohne dies selbst wahrzunehmen. Dann besteht langfristig die Gefahr von psychosomatischen Erkrankungen oder eines Burn-out-Syndroms.

Nicht so bekannt ist das Risiko von „beruflichen Deformationen", das man allerdings nicht unterschätzen sollte. Die charakteristischen Anforderungen eines Berufes sind Teil der Ursache dieser Verformungen. Grundsätzlich gibt es diese Gefahr in allen Berufen, sie sind aber im psycho-sozialen Arbeitsfeld besonders verbreitet. (Zum Beispiel verraten sich Lehrer manchmal durch eine typische Art von Besserwisserei oder Kellner oft durch eine übertriebene, manchmal fast unterwürfige Freundlichkeit.) Unter „beruflichen Deformationen" versteht man sämtliche psychischen, seelischen und geistigen Verschleißerscheinungen und Abnutzungen, Fehlentwicklungen, Schädigungen und Entfremdungen, die im Verlaufe des Berufslebens auftreten können.[16]

INFO

Exkurs: Die Gefahren der beruflichen Deformation[17]

Fengler beschreibt acht „charakteristische seelische Vorgänge"[18] als Anzeichen für eine berufliche Deformation:

1. Dauerbelastung
2. Überidentifikation
3. Wahrnehmungsselektion
4. Blinde Flecken
5. Interessensverarmung
6. Gedankliche Dürre
7. Erstarrter Gestus und Ausdruck
8. Abrufbare Gefühle

„Die Zahl der möglichen Deformationen ist unendlich groß. Manche von ihnen haben den Charakter von Automatismen, treten also als (...) Posen, Verhaltenslücken und Verhaltensinflationen in Erscheinung, die in einer bestimmten Situation nahezu automatisch und für den aufmerksamen Beobachter vorhersehbar eintreten. Besonders auffallend sind diese Automatismen im privaten Kontakt. Dagegen

16 Fengler, Helfen macht müde, S. 125.
17 Beckmann, Traumberuf, S. 15 ff.
18 Fengler, S. 126.

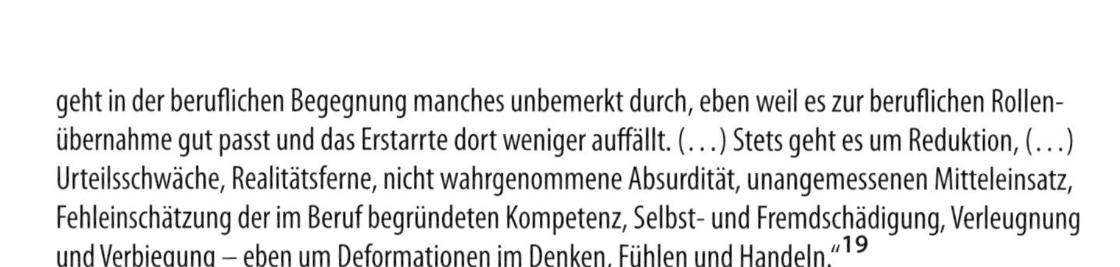

geht in der beruflichen Begegnung manches unbemerkt durch, eben weil es zur beruflichen Rollenübernahme gut passt und das Erstarrte dort weniger auffällt. (...) Stets geht es um Reduktion, (...) Urteilsschwäche, Realitätsferne, nicht wahrgenommene Absurdität, unangemessenen Mitteleinsatz, Fehleinschätzung der im Beruf begründeten Kompetenz, Selbst- und Fremdschädigung, Verleugnung und Verbiegung – eben um Deformationen im Denken, Fühlen und Handeln."[19]

Folgende vier Arten kann man im Pflegealltag besonders häufig beobachten:

Dauerbelastung. Sie gilt in den Pflegeberufen als „normaler" Zustand. Nicht ohne Grund ist der „Pflegenotstand" in aller Munde. Viele Belastungen im Berufsleben wie Zeitdruck, Überstunden, unklare Vorgaben sind real und unvermeidbar. „Aber an allen Arbeitsplätzen lohnt es sich zu prüfen, welcher Teil davon selbsterzeugt, durch Untätigkeit geduldet oder wegen anderer Vorteile geradezu angestrebt wird."[20] Viele Menschen entwickeln leider eher Überlebensstrategien, um trotz des Drucks einigermaßen über die Runden zu kommen, anstatt Energie in Veränderungsstrategien zu investieren.

Wahrnehmungsselektion. In Pflegeberufen gilt der Wahrnehmung von pflegerelevanten Fakten besondere Aufmerksamkeit. So ist zum Beispiel „Krankenbeobachtung" ein wichtiges Thema gleich zu Beginn der Ausbildung: Temperatur, Blutdruck, Puls, Stuhlgang, Flüssigkeitseinfuhr und -ausfuhr und anderes mehr werden in der Dokumentation notiert und für die Pflegeplanung ausgewertet. Es besteht dadurch die Gefahr, vorrangig die Auffälligkeiten und Defizite bei den Pflegebedürftigen und nicht mehr den ganzen Menschen wahrzunehmen. So werden vielleicht Familienfotos an der Wand über dem Pflegebett und andere persönliche Gegenstände im Zimmer nicht mehr bewusst gesehen. Gespräche im Pflegealltag verarmen dadurch. Der Pflegebedürftige wird nicht mehr als Mensch gesehen, sondern er ist zum „Fall" geworden.

Erstarrter Gestus und Ausdruck. „Menschen, die täglich mit vielen Personen in ähnlichen Angelegenheiten zu sprechen haben, entwickeln oft ein Repertoire starrer Redewendungen"[21]. Den berüchtigten Satz „Na, wie geht's uns denn heute?", hört man zum Glück nicht mehr so häufig im Pflegealltag. Aber bestimmte Floskeln und ein ganz spezifischer Tonfall in der häufig nicht einfachen Kommunikation mit alten oder kranken Menschen schleichen sich mit der Zeit bei fast jedem ein.

Abrufbare Gefühle. „So wie Sprache, Gestus und Ausdruck unterliegen auch (...) Gefühle einer berufsspezifischen Normierung und gelegentlich einer entsprechenden Schädigung. So vermögen viele Helferinnen und Helfer [auf Abruf] Wärme und Zuversicht zu verströmen."[22] Im Pflegebereich kann man oft einen kummervollen, bemitleidenden Tonfall im Umgang mit traurigen Patienten oder Bewohnern beobachten. Oder man erlebt das Gegenteil: betont aufmunternde, schwungvolle Äußerungen wie zum Beispiel: „Aber wer wird sich denn solche Sorgen machen? Das wird schon wieder!"

Auch wenn man die Entwicklung der beschriebenen Deformationen nicht ganz verhindern kann, wäre bereits ein gewisses Maß an Achtsamkeit hilfreich, um die eingefahrenen und zu routinierten Verhaltensweisen zu erkennen. Kollegen könnten sich gegenseitig auf Floskeln im Gespräch oder Handlungen aufmerksam machen. (Und bei Zuwiderhandlungen kommt 1 € ins Phrasenschwein!)

19 Fengler, S. 132.
20 a.a.O.
21 Fengler, S. 130.
22 Fengler, S. 131.

Man muss sich immer wieder vor Augen halten, dass durch übermäßige Belastungen eine solche Negativentwicklung beginnen kann. Diese setzt eine entsprechende persönliche Disposition des betreffenden Mitarbeiters voraus, die sich dann über die Dauerbelastungen in der täglichen Pflegearbeit und mangelhaften Stressabbau fortsetzt. Wenn dann weder Vorgesetzte noch Kollegen auf erste Anzeichen von Überforderung oder beruflich deformierten Verhaltensweisen, wie zynischen Bemerkungen, unangemessenen Witzen oder ruppigem Verhalten, aufmerksam reagieren, kann die Situation in Form von Misshandlungen, Gewalttaten bis hin zur Tötung von Pflegebedürftigen ihren verhängnisvollen Verlauf nehmen. Immer wieder erfährt man aus den Medien[23] von solchen schrecklichen Taten. Und nicht selten sind es anfänglich unauffällige, besonders fürsorgliche und idealistische Menschen, denen niemand im Umfeld solche Taten zugetraut hätte.

Die Tatsache, dass das Problem der beruflichen Deformationen hier beim helfenden Stil ausführlich beschrieben worden ist, soll nicht heißen, dass die geschilderten Verhaltensweisen nicht auch bei Mitarbeitern zu beobachten sind, die überwiegend in den anderen Stilen kommunizieren, allerdings liegen sie beim helfenden Stil besonders nahe.

Als Führungskraft hat man grundsätzlich die Verantwortung für den Einsatz seiner Mitarbeiter. Die Fürsorgepflicht des Arbeitgebers ist im Arbeitsrecht festgeschrieben. Dazu gehört es auch, die beschriebenen Gefahren im Interesse des einzelnen Mitarbeiters und des gesamten Unternehmens im Blick zu behalten.

Eine weitere negative Seite übermäßigen Helfenwollens ist, dass die Mitmenschen, denen – vermeintlich uneigennützig und wohlmeinend – ungefragt geholfen wird, dieses Verhalten durchaus auch als Übergriff auf die persönliche Unabhängigkeit empfinden können. Hier sollten Kollegen untereinander das eigentlich durch Feedback selbst regeln können. Erst wenn die Situation nicht mehr im Team geklärt werden kann, ist ein Eingreifen der Vorgesetzten nötig.

Wenn Mitarbeiter den Bewohnern zu viel abnehmen, droht die Gefahr der „erlernten Hilflosigkeit". In diesem Fall sollte durch klare Vorgaben oder Gespräche seitens der Vorgesetzten interveniert werden, denn sonst besteht die Gefahr, dass sich Pflegebedürftige immer weniger zutrauen und wichtige Fähigkeiten verlernen. Außerdem gilt in der Altenpflege bereits seit vielen Jahren der Grundsatz der aktivierenden Pflege, wodurch erreicht werden soll, dass der Pflegebedürftige so lange wie möglich selbständig bleibt - auch wenn die Grundpflege dann meistens länger dauert. Man sollte sich als Vorgesetzter an dieser Stelle darüber im Klaren sein, dass

23 ZDFzeit: „Wie leben wir im Alter? Der Pflege-Check" vom 8.3.2016; Westfälische Nachrichten: „Pfleger verhöhnt Wachkoma-Patienten" vom 2.6.2016.

es außerdem auch Probleme im Team geben kann, wenn der eine Altenpfleger bei einer bestimmten Tätigkeit dem Bewohner grundsätzlich hilft, wohingegen ein anderer Kollege verlangt, dass der Pflegebedürftige bestimmte Dinge noch selbst erledigt: zum Beispiel bei der Frage, ob man dem Bewohner das Essen anreicht oder er es selbständig versucht, oder ob der Bewohner die wenigen Schritte vom Bett zur Toilette im Rollstuhl gefahren wird oder mit dem Rollator läuft. (In beiden Beispielen ist dann - wie leider so oft - die durch die Hilfe eingesparte Zeit das entscheidende Argument.) Der immer Hilfsbereite gilt dann vielleicht bei den Bewohnern als der „Gute". Der Zweite, der langfristig viel mehr an das Wohl des Pflegebedürftigen denkt und dementsprechend handelt, ist dann in den Augen des Bewohners oder der Angehörigen der „Faule", der sich vor der Arbeit drücken will. Auf diese Weise können Neid und Eifersucht zwischen Mitarbeitern untereinander entstehen.

BEISPIEL

Fallbeispiel Die tüchtige Rita

Die Altenpflegerin Rita ist eine erfahrene Kollegin, die gerne zupackt. Gleichzeitig ist sie auch Kollegen gegenüber äußerst hilfsbereit und scheut sich nicht, offene Worte zu finden, wenn ihr etwas nicht passt. Deshalb greift sie ihrem schüchternen und unsicheren Kollegen Sebastian gerne unter die Arme. Die PDL hatte sie bereits mehrfach gebeten, das zu unterlassen, weil „Der das ja sonst nie lernt!"

Auch für die Bewohner wirkt sich Ritas überbordende Hilfsbereitschaft nicht positiv aus. Frau Müller möchte sich nur noch von Rita pflegen lassen, weil Rita die einzige im Team ist, bei der Frau Müller nie ein paar Schritte laufen muss. Rita setzt die Bewohnerin grundsätzlich in den Rollstuhl. Frau Müller findet das gut, weil ihr das Gehen sehr schwer fällt: „Ach, die Rita ist die einzige, die mich hier richtig versteht. Mir fällt doch alles so schwer. Bei den anderen muss ich immer vom Bett bis ins Bad laufen. Die sind nicht nett zu mir. Auch die Haare soll ich mir selbst kämmen, wo ich doch den Arm so schlecht hochbekomme." Die Kollegen haben schon oft mit Rita geredet: „Mensch, die verlernt ja immer mehr ihrer Fähigkeiten. Außerdem bewegt sie sich fast gar nicht mehr. Du weißt doch, wie wichtig Bewegung ist!"

TIPP

Praxis-Tipps:

Auf Anzeichen von Überforderung oder beruflicher Deformation achten!
Aufmerksam sein, dass „aktivierende Pflege" im Vordergrund steht!
Sich kümmern, wenn Pflegekräfte unterschiedlich mit Bewohnern oder Patienten umgehen und das zum Problem im Team wird!
Sich kümmern, wenn Mitarbeiter sich untereinander zu sehr helfen!

Der selbst-lose Stil

Beschreibung und Bedeutung

Der selbst-lose Stil ist ein enger Verwandter des helfenden Stils. Wesentlicher Unterschied zu diesem ist die innere Verfassung desjenigen, der diesen Stil bevorzugt: Ein selbstloser, aufopferungsvoller Mensch fühlt sich als ein „Nichts" ohne den anderen, er hat keinerlei Selbstwertgefühl – er ist also im wahrsten Sinne des Wortes „selbst-los" – und gewinnt nach seinem eigenen Selbstverständnis nur durch seine völlig im anderen aufgehende Haltung eine gewisse Aufwertung seiner eigenen Person von außen. Ähnlich wie der Helfende vermeidet es auch der Selbst-lose, seine eigenen Probleme und Sorgen offen zu zeigen, allerdings aus einem anderen Grund: Während der erste nicht schwach und bedürftig erscheinen will, möchte der zweite niemals im Mittelpunkt der Aufmerksamkeit stehen. Der Selbst-lose möchte um keinen Preis auffallen und sagt deshalb so gut wie nie seine eigene Meinung und geht jedem Konflikt aus dem Weg[24]: „Mach' wie du's für richtig hältst" oder „Is' mir egal", sind typische Antworten, wenn er um eine Entscheidung gefragt wird. Die Verhaltensweisen dieses Stils sollten nicht mit denen des bedürftig-abhängigen Stils verwechselt werden.

Wirkung und Umgang mit Problemen

Man möchte meinen, dass ein solch selbstloser Mensch als Mitarbeiter und Kollege geradezu ideal ist, weil er immer das tut, was man ihm aufträgt. Allerdings hat dieser vermeintliche „Bilderbuch"-Mitarbeiter auch seine Tücken. Im Arbeitsalltag und insbesondere im Verhältnis zu Kollegen ist ein solcher „Gummi"-Kollege nämlich

24 Schulz von Thun, 2, S. 108 ff.

längst nicht so bequem, wie er auf den ersten Blick erscheint. Oft erwartet er insgeheim von seinen Mitmenschen, dass sie seine Bedürfnisse erspüren können und diese dann auch erfüllen. Leicht beleidigt klingende Äußerungen wie: „Ich dachte, das sei selbstverständlich!" oder „Ich hab' gemeint, dass ihr merkt, was ich will", sind typisch für Situationen in der Zusammenarbeit.

Manchmal muss der Selbst-lose auch vor sich selbst geschützt werden, da durchaus die Gefahr besteht, dass er von Kollegen, aber auch von Bewohnern oder Patienten, ausgenutzt wird. In einem solchen Fall wäre unverzügliches und unmissverständliches Eingreifen „von oben" angesagt. Gleichzeitig wäre es im Sinne von Personalentwicklung angemessen, das Selbstwertgefühl eines solchen Mitarbeiters zu stärken – ähnlich wie beim abhängig-bedürftigen Stil – und auch von ihm zu verlangen, dass er seine Interessen klar und deutlich artikuliert. Dabei sollte man durchaus respektieren, wenn dieser Mensch nicht im Rampenlicht stehen möchte. Nicht jeder muss ein Entertainer sein, auch wenn unsere Medienwelt dieses manchmal zu suggerieren scheint. Selbstlose, bescheidene, schüchterne und vielleicht eher introvertierte Menschen kommen oft gut mit den Pflegebedürftigen klar und können eine Bereicherung für jedes Team darstellen, wenn man auf sie achtgibt!

BEISPIEL

Fallbeispiel Die aufopferungsvolle Bärbel

Kollegin Bärbel macht schon wieder Überstunden. Ohne Murren springt sie ein, wenn jemand ausfällt. „Nein, das macht mir gar nichts aus. Auf mich wartet ja zu Hause sowieso niemand!", sind häufig gehörte Worte von ihr. Auch an den Feiertagen und an Silvester ist sie im Einsatz. Beim letzten Weihnachtsfest allerdings war sie hinterher tagelang beleidigt: "Ihr hättet ja wohl merken können, dass ich wenigstens einen Tag auch mal gerne frei gehabt hätte!"

TIPP

Praxis-Tipps:

Eingreifen, wenn der betreffende Mitarbeiter von anderen ausgenutzt wird!
Das Selbstwertgefühl fördern!
Die Eigenart, nicht auffallen zu wollen, respektieren!

Der aggressiv-entwertende Stil

Beschreibung und Bedeutung

Der aggressiv-entwertende Stil ist in seiner Erscheinungsform und Wirkung zwar völlig anders als der selbst-lose, hat aber ähnliche Ursachen, die in der Persönlichkeit des einzelnen begründet sind. Menschen, die aggressiv-entwertend mit ihren Mitmenschen kommunizieren, sind sich häufig ebenfalls ihres eigenen Wertes nicht sicher und sind nicht so selbstbewusst wie es vielleicht scheint. Allerdings gehen sie völlig anders mit diesem Grundgefühl um. Sie versuchen, ihre Unsicherheit zu verstecken, indem sie ihr Gegenüber entwerten und klein halten. Deshalb sind sie ständig auf der Suche nach Fehlern im Verhalten der anderen, die sie dann entsprechend herablassend und entwertend kommentieren. Gerne werden die Kollegen von ihnen erniedrigt, bloßgestellt und vor Dritten runtergemacht. Oder sie lästern hinter dem Rücken anderer über deren Kleidung und Frisur oder kommentieren Krankschreibungen und stellen Vermutungen über die Ernsthaftigkeit der Erkrankung an. Leider findet man Personen, die in diesem Stil bevorzugt kommunizieren, immer noch häufig im Erziehungsbereich (Eltern und Lehrer) und – unabhängig vom Beruf – in der Rolle als Chef. Aber Vorsicht: „So sehr wir uns auch davon distanzieren mögen – alles steckt in jedem!“[25]

Wirkung und Umgang mit Problemen

Wie oben bereits beschrieben, entsteht ein solches Verhalten nicht selten aus Angst vor eigener Unterlegenheit. Um die Überlegenheit in Gesprächen zu behalten, wird dann unter anderem eine Reihe von Gesprächstechniken angewandt, durch die man jederzeit die „Oberhand“ in der Situation behält. Diese Techniken werden entweder bewusst oder unbewusst sowohl von Mitarbeitern – also Kollegen – untereinander als auch im Verhältnis zwischen Mitarbeitern und ihrem Vorgesetzten angewandt.

25 Schulz von Thun, 2, S. 135.

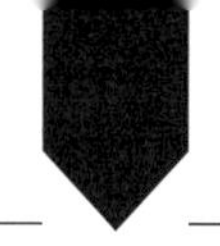

INFO

„Oberhand"techniken in Gesprächen erkennen[26]

Man hört mit dem „Selbstkundgabe-Ohr", greift Schwächen auf und stellt den anderen bloß.
Man macht sich durch Ironie unangreifbar („Das habe ich so nicht gemeint. Du verstehst wohl keine Ironie?").
Man stellt viele Fragen nach dem Leitsatz: „Wer fragt, der führt."
Man wird persönlich und unsachlich: „Warum werden Sie denn jetzt so laut/rot?"
Man unterbricht den anderen ständig.
Man vermeidet absichtlich jeden Blickkontakt, blättert eventuell in Unterlagen, schaut auf das Display des Smartphones.
Man ignoriert absichtlich Gesprächsbeiträge.

Im beruflichen Bereich sind besonders die drei letztgenannten Techniken weit verbreitet. Durch Unterbrechungen wird dem Gesprächspartner signalisiert, dass sein Beitrag es nicht wert ist, zu Ende gehört zu werden. Und jemanden wie Luft zu behandeln durch völliges Ignorieren, wirkt „in höchstem Maße aggressiv und entwertend, wird aber, da überhaupt ‚kein Blut vergossen wird', im allgemeinen als völlig normal empfunden."[27] Auch bei spitzen, ironischen Bemerkungen kann man sich immer damit herausreden, dass man das sooo ja gar nicht gesagt habe, und dass es so, wie es der andere offensichtlich verstanden hat, auf gar keinen Fall gemeint war. „Ob der andere denn wohl ein bisschen überempfindlich sei?" Das Gemeine an diesen Techniken ist, dass man sich kaum dagegen wehren kann. Macht man es dennoch, wird man wahrscheinlich sofort als wehleidig oder überempfindlich gebrandmarkt, und die nächste Entwertung kommt sofort hinterher: „Na, heute aber mal wieder zart besaitet?"

Bereits *ein* Mitarbeiter, der aggressiv-abwertend kommuniziert, reicht aus, um die Stimmung und das Arbeitsklima im Team zu vergiften. Deshalb darf man ein solches Verhalten als Führungskraft auf keinen Fall hinnehmen. Hier gilt die Redensart „Wehret den Anfängen!" Manchmal hört man als Entschuldigung für ein solches Ignorieren seitens der Führungskraft: „Ja, aber fachlich ist er/sie hervorragend." Dazu muss man klar sagen, dass zur Fachlichkeit in einem sozialen Beruf auch eine gute Kommunikation gehört. Darauf sollten sowohl die Kollegen untereinander als auch der Vorgesetzte bestehen.

26 Schulz von Thun, 2, S. 140 ff.
27 Schulz von Thun, 2, S. 143.

BEISPIEL

Fallbeispiel Die Kollegin mit Migrationshintergrund

Altenpflegerin Monika lebt seit 20 Jahren in Deutschland und arbeitet schon lange als Pflegefachkraft im St. Michaels-Stift. Sie liebt ihre Arbeit, ist ruhig und zuverlässig und kommt wunderbar mit den alten Menschen klar. Natürlich hört man an ihrem Akzent, dass sie nicht hier geboren ist; manchmal unterläuft ihr noch ein Grammatikfehler. In ihrem Team gibt es Irmgard, ebenfalls eine erfahrene Pflegefachkraft. Sie hat einen rauen Umgangston nach dem Motto: „Wir können hier doch wohl ehrlich und offen sagen, was wir denken?" Ständig meckert sie an den Deutschkenntnissen von Monika herum: „Man, lern' doch erst mal richtig Deutsch, ehe du mit mir sprichst!", ist noch eine der harmloseren Äußerungen. – Jetzt hat Monika um ihre Versetzung in den Nachtdienst gebeten, und jeder weiß, dass sie das hauptsächlich macht, um in Zukunft ihrer aggressiven Kollegin aus dem Weg gehen zu können.

TIPP

Strategien gegen unfaire Angriffe

Sich innerlich schon vorher darauf einstellen.
Ruhig bleiben.
Sachlich bleiben.
Auf sachlichen Antworten bestehen.
Sich nicht unterbrechen lassen.
Konkret nachfragen.
An die Fairness appellieren.

Gegenstrategien hängen von der Art und Weise und Intensität der unfairen und gemeinen Formen der Kommunikation und der jeweiligen Situation ab. Manchmal reicht es aus, sich nichts anmerken zu lassen und das unfaire Verhalten des anderen zu ignorieren. Manchmal reicht es auch aus, die Augenbrauen genervt hochzuziehen oder mit den Augen zu rollen. Wird zum Beispiel eine an sich berechtigte Kritik lediglich in einem zu barschen Ton geäußert, kann man bewusst zwischen Sach- und Beziehungsebene unterscheiden: „O.k. in der Sache hast du recht, aber diesen Tonfall verbitte ich mir in Zukunft!" Wann es an der Zeit ist, als Vorgesetzter einzugreifen, hängt von den Beteiligten und der Situation ab. Auf keinen Fall sollte man aber „mit gleicher Münze heimzahlen"; dadurch wird die Situation nur verschärft und ein solches Verhalten breitet sich im gesamten Team aus.

Falls man als Vorgesetzter etwas zur allgemeinen Verbesserung der Stimmung im Team tun will, gibt es eine wundervolle und bewährte Übung, die man mit relativ wenig Zeitaufwand zu Beginn einer Teambesprechung durchführen kann und die auch bei verfeindeten Kollegen wirkt.

TIPP

Übung „Denkzettel"

Jeder Teilnehmer benötigt für jeden der Anwesenden – außer für sich selbst - einen Zettel (d.h. bei 12 Mitarbeitern in der Runde würde jeder 11 Zettel bekommen). In einer Ecke wird jeweils der Name der anderen notiert. Die Aufgabe besteht jetzt darin, sich für jeden Kollegen mindestens drei, höchstens fünf positive Eigenschaften zu überlegen und auf den Zettel mit dessen Namen zu schreiben. Wenn alle fertig sind – was erfahrungsgemäß unterschiedlich lange dauert und nicht selten zu verlegenen bis hin zu frotzelnden Bemerkungen Anlass gibt – werden die „Denkzettel" an die Kollegen verteilt. Jeder erhält auf diese Weise 11 Zettel, über die er sich mehr oder weniger freuen kann, die zum Nachdenken anregen und die – nach unserer Erfahrung – sorgfältig eingesteckt und mitgenommen werden.

TIPP

Praxis-Tipps:

- Ignorieren (ist nur selten und allenfalls bei Kleinigkeiten angemessen)!
- Sach- und Beziehungsebene bewusst trennen!
- Auf höflichem, respektvollem Umgangston ausdrücklich bestehen!
- Wenn nötig, arbeitsrechtliche Schritte einleiten!

Der sich beweisende Stil

Beschreibung und Bedeutung

Der sich beweisende Stil zeigt sich darin, dass diese Menschen besonders kompetent, qualifiziert, intelligent, fähig – mit einem Wort „perfekt" – sein wollen. Die Sorge um das eigene Selbstwertgefühl und die Demonstration der außergewöhnlichen Bedeutung der eigenen Person stehen im Mittelpunkt des Handelns. Man ist darauf bedacht, ja keinen schlechten Eindruck zu machen, und arbeitet ständig an seiner Selbstoptimierung. Im Gegensatz zum aggressiv-entwertenden Stil wird hier die Darstellung des eigenen Werts allerdings nicht durch unfaire Herabsetzung des anderen erreicht, sondern durch ständige eigene Anstrengungen. Die Ursachen für solch auffällige Verhaltensweisen liegen häufig in der Kindheit. Die tiefere psychologische Dimension kann hier nur angedeutet werden: „Ein Kind, das sich nicht um seiner selbst willen geliebt fühlt, muss frühzeitig auf Erfolg setzen: ‚Ich selbst bin nicht liebenswert – nur in dem Maße, wie ich ‚gut' bin, verdiene ich Liebe und Anerkennung.'"[28] Und weil jeder Erfolg prinzipiell der Gefahr unterliegt, irgendwann in Misserfolg umzuschlagen, muss er immer wieder neu bewiesen und – wenn nötig – durch abermalige Anstrengungen erarbeitet und erkämpft werden. Zudem ist es kaum möglich, als *ganze* Person mit allen Stärken und Schwächen anerkannt zu werden, wenn man sich in seiner Identität ausschließlich über die eigene Leistung definiert. Solche Menschen neigen in ihrer Selbsteinschätzung nicht selten zu starken Schwankungen ihres Selbstwertgefühls, das von einer Haltung wie „Ich kann alles" bis zu „Ich kann gar nichts" reicht. Ja im Extremfall handeln sie nach dem Satz: „Wenn schon nicht der Größte, dann wenigstens der größte Versager!"[29]

Wirkung und Umgang mit Problemen

Menschen, die sich und anderen ständig beweisen wollen, wie gut sie sind, wirken oft ruhelos und sind anstrengend im Umgang. Sie produzieren eine neue Idee nach der anderen, sind immer mit wichtigen Dingen beschäftigt und wollen ihre Leistungen von ihrem jeweiligen Gegenüber gebührend wahrgenommen wissen. Dabei sind sie meistens auch noch sehr ehrgeizig, manche vermitteln leider auch einen selbstherrlichen und wichtigtuerischen Eindruck von sich. Oft demonstrieren übervolle Terminkalender die eigene Wichtigkeit und Unentbehrlichkeit. Dabei wirkt der Drang nach ständiger Anerkennung oft penetrant und geht den Mit-

28 Schulz von Thun, 2, S. 183.
29 Schulz von Thun, 2, S. 185.

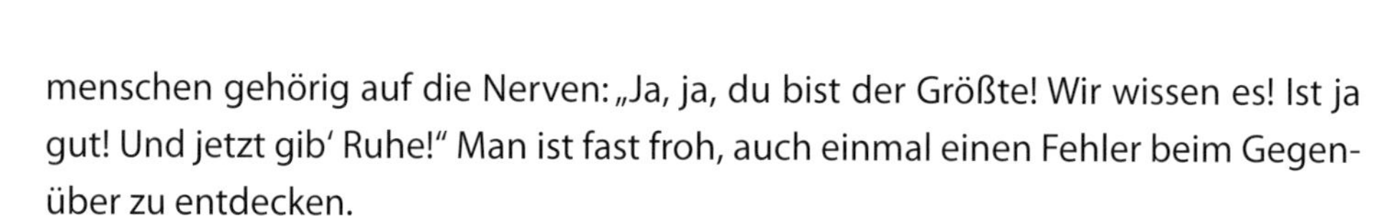

menschen gehörig auf die Nerven: „Ja, ja, du bist der Größte! Wir wissen es! Ist ja gut! Und jetzt gib' Ruhe!" Man ist fast froh, auch einmal einen Fehler beim Gegenüber zu entdecken.

Ständiges Konkurrenzdenken, das aus dieser Einstellung heraus leicht entsteht, kann insbesondere in einem Beruf, der so sehr auf Kooperation angewiesen ist wie der Altenpflegeberuf, zu Problemen im Team führen. Als Vorgesetzter tut man gut daran, wenn man Mitarbeitern, die sich gerne beweisen möchten, die Möglichkeit genau dazu auch gibt: Durch Verantwortung für kleinere Sonderaufgaben zum Beispiel. Mit dem nötigen Fingerspitzengefühl und einem aufmerksamen Blick auf die Stimmung im gesamten Team kann man auf diese Weise Vorteile für alle Beteiligten nutzbar machen und eine – wie es Neudeutsch so schön heißt – „Win-win-Situation" schaffen, von der beide Seiten profitieren. Wenn das nicht möglich ist, dann sollte man als Vorgesetzter wenigstens versuchen, bei den sich-ständig-beweisenden Mitarbeitern mit ausgeprägtem Konkurrenzdenken Offenheit und Einsicht zu fördern in die Tatsache, dass Teamarbeit grundsätzlich nicht nur aus einem „Entweder-Oder", sondern auch aus einem „Sowohl-Als-Auch" besteht: Also dass sowohl Konkurrenz unter Kollegen erlaubt als auch Kooperation erforderlich ist. Im Arbeitsleben gehört beides zusammen, und jeder Mitarbeiter muss mit beiden Grundhaltungen klarkommen.[30]

BEISPIEL

Fallbeispiel Kehren neue Besen wirklich gut?

Yvonne arbeitet erst seit 10 Wochen im St. Michaels-Stift. Sie ist eine erfahrene und zuverlässige Altenpflegehelferin. „Frau Müller war heute wieder sehr zufrieden mit meiner Morgenpflege. Sie sagt immer „Niemand kann das so gut wie Sie" berichtet sie stolz im Dienstzimmer. „Und habt ihr gesehen, dass ich die Inkontinenzvorlagen neu sortiert habe? Ich finde, so ist das jetzt viel übersichtlicher." „Und Herr Tiemann ist immer so zufrieden, wenn ich ihm das Essen anreiche. Bei mir isst er viel besser." Die Kollegen verdrehen bereits entnervt die Augen: „Ja, Yvonne, is' ja gut, wenn wir dich nich' hätten, würd' hier nix ordentlich laufen. Wir wissen ja alle, dass du die Größte und Beste hier bist."

30 Schulz von Thun, 2, S. 195.

TIPP

Praxis-Tipps:

- Mit Fingerspitzengefühl Einsicht und Reflexion fördern!
- Auf Kooperation bestehen!
- Eventuell Verantwortung für Sonderaufgaben übertragen!

Der bestimmend-kontrollierende Stil

Beschreibung und Bedeutung

Ein bestimmend-kontrollierender Stil lässt vermuten, dass dieser Mensch sich für absolut kompetent hält und daraus seine Berechtigung ableitet, wie selbstverständlich zu verkünden, was gut und richtig für alle ist. Damit ist allerdings keine Herabsetzung der anderen – so wie beim aggressiv-abwertenden Stil – verbunden, sondern das Ziel, zu lenken, zu erziehen und zu kontrollieren: „Das macht man so und nicht anders!" Diese Grundhaltung duldet keinen Widerspruch. Typisch für den bestimmend-kontrollierenden Kommunikationsstil sind Appelle. Sie werden in der Regel als allgemeine Norm und nicht als persönliche Meinung formuliert: „Das gehört sich so!", „Das macht man so!", „Das haben wir hier im Haus schon immer so gemacht!", „Man wäscht den Patienten von ‚oben' nach ‚unten'!", „Zuerst das Bett lüften, dann erst aufschütteln!" Der Vorteil von solchen unpersönlichen Formulierungen ist, dass allgemeingültige Normen und Wertvorstellungen vorgegaukelt werden und damit vermeintlich unangreifbar im Raum stehen, wohingegen eine persönliche Meinung eher attackiert werden kann. Psychologischer Hintergrund eines solchen Verhaltens kann – neben der absoluten Überzeugung von der eigenen Unfehlbarkeit – aber auch eine grundsätzliche Unbeweglichkeit im Denken und Handeln sein. Diese Starrheit ist oft verbunden mit Furcht vor Veränderungen. Die Angst vor „Chaos und Kontrollverlust, vor ‚bösen' Überraschungen und überhaupt vor den Wechselfällen des Lebens"[31] verursacht in diesem Fall das bestimmend-kontrollierende Verhalten.

31 Schulz von Thun, 2, S. 201.

Wirkung und Umgang mit Problemen

Aus der Überzeugung heraus, für jede Situation zu wissen, was „richtig" und „falsch" ist, leitet ein solcher Mitarbeiter häufig das Recht ab, seinen Kollegen mehr oder weniger verbindliche Anweisungen zu erteilen. Je nachdem wie die übrigen Kollegen „ticken", wird ein solches Verhalten widerspruchslos oder sogar zufrieden hingenommen – zufrieden deshalb, weil man dann nicht selber denken und entscheiden muss – oder aber es gibt ständige Diskussionen und Streitereien. (Dann ist es vielleicht so wie bei Kindern, die beim Spielen in der Regel penibel darauf bestehen, dass man sich in der Rolle als „Bestimmer" abwechseln darf: „Das ist ungerecht! Immer willst du alles bestimmen! Jetzt bin ich auch mal dran!") „Pedantische Regelmäßigkeiten und Rituale, starre Normen und Prinzipien, ausgefeilte Planung und Organisation"[32], auf denen ein solcher Mitarbeiter beharrt, sind die Verhaltensweisen, die dann zu Problemen im Team führen können. Die Botschaft auf der Beziehungsseite im Rahmen dieses Kommunikationsstils lautet eigentlich immer: „Du kannst das nicht. Du weißt nicht, was richtig ist. Nur ich habe hier den Durchblick." Besonders unangenehm wird die Situation, wenn zusätzlich Elemente des aggressiv-entwertenden Stils verwendet werden.

Wie oben bereits angedeutet, kann sich hinter dieser Haltung auch Angst verbergen. Und zwar die Angst vor Veränderungen und Neuerungen, denen man sich eventuell nicht gewachsen fühlt. Zum Beispiel bei umstrukturierenden Maßnahmen in Einrichtungen, wie der Zusammenlegung von Wohnbereichen oder der Einführung neuer Konzepte, bereiten solche Mitarbeiter oft große Probleme, weil sie „nicht mitmachen" oder im Vorfeld bereits schlechte Stimmung verbreiten.

Gegen diese Überzeugung von der eigenen Unfehlbarkeit des betreffenden Mitarbeiters hilft nur ein rationaler, betont sachlicher Umgang: Man sollte sich nicht provoziert fühlen, sich nicht auf Rechthabereien einlassen oder darauf womöglich sogar patzig reagieren. Je nachdem, wie man als Vorgesetzter die Hintergründe und Ursachen dieses Verhaltens einschätzt, wird man Maßnahmen ergreifen müssen. Diese können zum einen in einem *bewussten* Ignorieren des Verhaltens bestehen. Und zum anderen sollte man bei Mitarbeitern, die eher eine bedürftig-abhängige oder selbst-lose Haltung haben und die die bestimmend-kontrollierende Art des Kollegen als willkommene Entlastung nutzen wollen, den gewünschten Halt oder die erforderliche Orientierung lieber als Führungskraft selbst vermitteln; und zwar auf die Art und Weise, die man in diesem Fall für angebracht hält. Andernfalls schleichen sich nämlich Strukturen ein, die eine Tendenz zur Verfestigung aufwei-

32 a.a.O.

sen. Es besteht dann auch die Gefahr, dass man das Problem später nicht mehr in den Griff bekommt und sich durch eigene Versäumnisse „Unterchefs" heranzieht. Wiederholte Reibereien sollte man auf alle Fälle konsequent unterbinden.

Eine weitere möglicherweise problematische Facette dieses Stils ist der Umstand, dass ein solcher Mitarbeiter meistens wenig entspannt ist und das gesamte Umfeld von dieser ständigen Kontrolle und Anspannung beeinträchtigt wird: „Hast du auch dies bedacht und auf jenes geachtet? Pass auf, dabei könnte das und das passieren!" Durch die ständigen Bemühungen, immer alles im Blick zu haben, alles perfekt haben zu wollen und sich überall einzumischen, kann man im Umfeld dieses Kollegen selten in Ruhe arbeiten. Außerdem entspricht es nicht der Lebensrealität in einem Arbeitsfeld, wo der Umgang mit alten, kranken und demenziell erkrankten Bewohnern eher Flexibilität und eine Haltung „auch mal Fünfe geradelassen" erfordert als das Befolgen von starren Regeln.

BEISPIEL

Fallbeispiel Der Kollege „General"

Der Altenpfleger Konrad wird von seinen Kollegen hinter vorgehaltener Hand nur noch „General" genannt. Am liebsten kommandiert er nämlich alle herum: „Das Bad bei Herrn Müller muss noch aufgeräumt werden. Macht mal zackig! Und warum hat Frau Stiller schon wieder keine trockene Hose an?" Zum x-ten Male erklärt ihm seine Kollegin Rita, dass Frau Stiller an diesem Morgen – wieder einmal – ein Riesentheater veranstaltet hatte, weil sie die Vorlagen mit den Worten: „Ich bin doch kein Baby", entrüstet abgelehnt und außerdem auch eine trockene Hose verweigert hat: „Die ist doch nur ein bisschen feucht." Rita erinnert Konrad daran, dass sie im Team bei der letzten Fallbesprechung lang und breit über die Schwierigkeiten mit Frau Stillers Inkontinenz und ihre mangelnde Akzeptanz der Vorlagen diskutiert hätten, und schließlich hätten sie sich darauf geeinigt, großzügig mit dem Verhalten der leicht demenziell erkrankten Bewohnerin umzugehen, auch wenn die eigenen Vorstellungen der Mitarbeiter von Gepflegtheit anders aussehen. Aber Konrad versucht trotzdem immer wieder, seine Vorstellungen bei der Pflege durchzudrücken. Auch mit seinen Kollegen geht er ungnädig um: „Ständig sind die Kulis im Dienstzimmer verschlampt. Und der Akku vom Telefon ist mal wieder leer, weil dauernd vergessen wird, ihn rechtzeitig aufzuladen." Ungelöschte Lampen, Pflegeutensilien am Ende der Schicht wieder mal nicht aufgefüllt, Chaos bei der Wäsche in den Bewohnerschränken, Stolperfallen in den Zimmern: „ Ein bisschen mehr zusammenreißen kann sich doch wohl jeder hier!", verlangt er empört.

Jeder kann sich vorstellen, zu welchen Schwierigkeiten es führt, wenn in einem Team womöglich auch noch zwei – oder mehrere – Kollegen mit dieser bestimmend-kontrollierenden Art aufeinandertreffen …

TIPP

Praxis-Tipps:

Auf Probleme im Team achten!
Rechthabereien und Provokationen unterbinden!
Sachliche Kommunikation fördern!
- Sich nicht Wichtiges vom Mitarbeiter aus der Hand nehmen lassen!
- Orientierung und Kontrolle als Führungskraft selbst vermitteln bzw. ausüben!

Der sich distanzierende Stil

Beschreibung und Bedeutung

Der sich distanzierende Stil ist gekennzeichnet durch eine sehr sachliche und unpersönliche Art der Kommunikation. Solche Menschen sind oft sehr zurückhaltend in ihren sozialen Kontakten und wirken dann manchmal wie unnahbare, verschlossene Eigenbrötler. Wenn man das vierseitige Kommunikationsmodell auf den sich distanzierenden Stil anwendet, so zeigt es eine sehr stark ausgeprägte Sachseite und eine jeweils nur schwach entwickelte Beziehungs- und Selbstkundgabeseite; die Botschaft auf der Appellseite lautet eindeutig: „Kommt mir nicht zu nahe!"[33] Im Berufsleben wird dieses Verhalten allgemein durchaus bevorzugt: „So, jetzt mal zurück zur Sache!" oder „Nun bleib' mal sachlich!" sind oft gehörte Sätze im Arbeitsalltag oder auch in Besprechungen. Diese Äußerungen zeigen, dass persönliche oder gefühlsmäßige Befindlichkeiten hier nicht wichtig oder nicht erwünscht sind.

Wirkung und Umgang mit Problemen

Diese Menschen versuchen, ihre eigene Person aus jeglicher Kommunikation herauszuhalten. Dabei lassen sie kaum Einblicke in ihr Privatleben zu und geben wenig von sich selbst preis. Dadurch wirken sie meistens sehr förmlich und reserviert. Außerdem scheinen sie ihrerseits auch wenig interessiert an den Kollegen zu sein und wirken kaum berührt von den persönlichen Belangen der anderen, was nicht unbedingt der Realität entsprechen muss. Sie zeigen häufig wenig Interesse an gemeinsamen Aktivitäten („Stammtisch? Betriebsausflug? Leider keine Zeit!") und halten sich aus dem täglichen „Flurfunk" heraus.

33 Schulz von Thun, 2, S. 227.

Nun ist allerdings ausgerechnet im Pflegebereich die tägliche Arbeit durch eine ausgesprochen große Nähe und eine enge Beziehung zu den Pflegebedürftigen geprägt. Durch die Mechanismen der Berufswahlmotivation[34] hat man wahrscheinlich ohnehin nur wenige Mitarbeiter, die den sich distanzierenden Stil pflegen. Denn in der „Natur" der täglichen Arbeit im Umgang mit den Pflegebedürftigen liegt es, dass sich in diesem Arbeitsfeld bevorzugt emotional ausgerichtete „Menschenfreunde" tummeln. Kaum ein anderer Beruf bringt so viel Intimität mit sich. Diese Nähe besteht vor allen Dingen zwischen den Pflegebedürftigen und den Pflegekräften. Hier wäre sogar eine sich mehr distanzierende Art der Kommunikation manchmal hilfreich für die Pflegekräfte, um im Alltag nicht von den Bedürfnissen der Bewohner oder Patienten vereinnahmt zu werden. Aber auch die Kollegen untereinander sind über die tägliche praktische Arbeit Seite an Seite „am Bett" eng miteinander verbunden. Die Nähe zu existenziellen Themen des Lebens wie Leid, Sterben und Tod lässt auf der emotionalen und seelischen Ebene zusätzliche Vertrautheit entstehen.

Wenn dann die Mehrheit der eher im helfenden oder selbst-losen Stil kommunizierenden Kollegen doch einmal einen distanzierten Kollegen an die Seite gestellt bekommt, dann ist zumindest Irritation und Unsicherheit vorprogrammiert: „Mit dem wird man nicht warm" oder „An die kommt man nicht ran" sind entsprechende Äußerungen. Schlimmstenfalls wird die Art des distanzierten Kollegen als Ablehnung der eigenen Person aufgefasst. „Selbst Menschen ohne empfindliches Beziehungsohr geben sie [die distanzierten Kollegen] das Gefühl, nicht recht gemocht zu werden – was keineswegs zutreffen muss …"[35]. Dasselbe gilt auch dann, wenn Angehörige (seltener Bewohner oder Patienten selbst) mit den Pflegekräften im sich distanzierenden Stil kommunizieren. Auch das wird leicht von den Pflegekräften als Missachtung oder Ablehnung aufgefasst, obwohl es meistens nicht so gemeint ist.

Es ist dann Aufgabe der Führungskraft, hier für notwendiges Verständnis zu sorgen und wenn nötig „Übersetzungshilfe" zwischen den Mitarbeitern bezüglich der Kommunikationsstile anzubieten.

Sich distanzierende Menschen sind in der Regel ziemlich unabhängig, weil sie sich nicht an herrschende Meinungen anpassen müssen, um persönliche Zufriedenheit zu erlangen. Sie sind deshalb in der Regel recht loyal Vorgesetzten gegenüber und können – wenn es sein muss – auch unliebsame Entscheidungen mittragen, weil sie nie nur deshalb Kompromisse eingehen würden, um „dazuzugehören".

34 Beckmann, Traumberuf, S. 12 ff.
35 Schulz von Thun, 2, S. 227.

Den eher nähe-orientierten Menschen ist im Umgang mit den Sich-Distanzierenden zu raten, das Verhalten nicht persönlich zu nehmen. Solche Menschen wirken manchmal gehemmt und unbeholfen im persönlichen Kontakt und scheinen im Gespräch oft „teilnahmslos, mechanisch und innerlich abwesend“[36], was aber in Wahrheit nicht so sein muss. Vielmehr ist die Ursache dieses Verhaltens eher die große Anstrengung und mangelnde Übung, die jeder Kontakt solchen Menschen möglicherweise abverlangt. Klug wäre es, hier mit dem Selbstkundgabe-Ohr hinzuhören und dem anderen sein „Anderssein“ zuzugestehen, ohne sich selbst dabei unwohl zu fühlen.

Da der sich distanzierende Stil besonders häufig von Männern[37] und auch von Vorgesetzten gepflegt wird, soll später in dem Kapitel „Der ideale Chef – Die ideale Chefin“, Das eigene Führungsverhalten reflektieren noch einmal näher darauf eingegangen werden.

BEISPIEL

Fallbeispiel Die unnahbare Kollegin

Mechthild ist die neue Kollegin im Wohnbereich Vogelnest. Obwohl sie schon zwei Monate dort arbeitet, wissen die anderen noch nichts über ihre persönlichen Verhältnisse. Und das, wo sie doch hier in ihrem kuscheligen Wohnbereich unter'm Dach so ein supergutes Verhältnis untereinander haben! Die Kollegen sind verunsichert: „Zu Bertholds rundem Geburtstag kommt sie wieder nicht! Aber Geld fürs Geschenk hat sie gegeben.“ Auf ihr Verhalten angesprochen, sagt Mechthild: „Also das hat nichts mit euch zu tun, ich möchte auch nicht, dass ihr denkt, ich meine, ich wäre etwas Besseres. Ich bin nur lieber für mich.“

TIPP

Praxis-Tipps:

- Das Bedürfnis nach Distanz respektieren!
- Das Verhalten nicht persönlich nehmen!
- Bei den anderen Mitarbeitern um Verständnis werben!

36 Schulz von Thun, 2, S. 235.
37 Schulz von Thun, 1, S. 51.

Der mitteilungsfreudig-dramatisierende Stil

Beschreibung und Bedeutung

Der mitteilungsfreudig-dramatisierende Stil ist ein Ausdruck für ein übermäßig stark ausgeprägtes Bedürfnis, unbedingt wahrgenommen zu werden und dabei am liebsten im Mittelpunkt des allgemeinen Interesses zu stehen. Bei einem solchen Menschen ist immer etwas los, gibt es immer Dramatisches zu berichten. Dieser Kollege kommt nicht etwa zum Dienst und erzählt, dass ihm gerade ein Trecker auf der Bundesstraße die Vorfahrt genommen hat und er scharf bremsen musste, um einen Unfall zu verhindern. Nein, ein solcher Mensch beginnt den Bericht mit der dramatischen Einleitung: „Ihr könnt froh sein, dass ich noch lebe!" Für Unterhaltung und Abwechslung ist hier gesorgt, es wird nie langweilig. Gerne wird eine Story mehrere Male erzählt und, wenn gerade keine eigenen Erlebnisse zur Hand sind, nimmt man auch gerne die von Freunden und Verwandten oder sensationelle und total witzige Berichte aus den Medien. Dadurch dass die Zuhörer für den Erzähler meistens eher nebensächlich sind und es ihm mehr um die eigene Darstellung und das eigene Geltungsbedürfnis geht, ist das Publikum durchaus austauschbar. Wenn man über einen längeren Zeitraum mit diesem dramatisch-redseligen Menschen zu tun hat, bemerkt man nach einiger Zeit, dass der andere sich nicht wirklich für seinen Gesprächspartner interessiert, sondern ihn allenfalls als Stichwortgeber für erneute Darbietungen benötigt. Dadurch entsteht „trotz größter Kontaktfreudigkeit eine eigenartige Kontaktlosigkeit."[38]

Wirkung und Umgang mit Problemen

Wenn es den Arbeitsablauf nicht zu sehr aufhält oder stört, sind solche Mitarbeiter in der Regel unproblematisch. Aber im Pflegebereich sitzen nun einmal viele Pflegebedürftige im Rollstuhl oder liegen im Bett, sodass leider immer wieder zu beobachten ist, dass sich Pflegekräfte über den Kopf des Bewohners hinweg mit Kollegen oder Angehörigen unterhalten. Ein solches Kommunikationsverhalten ist grundsätzlich unprofessionell. Wenn es sich dann auch noch um dramatische Berichte von privaten Erlebnissen handelt, ist dieses in höchstem Maße störend und sollte unverzüglich unterbunden werden.
Dieser Kommunikationsstil wird aber erst dann zu einem wirklichen Problem, wenn dieser Mitarbeiter überhaupt nicht in der Lage ist, sachliche Informationen kurz wei-

38 Schulz von Thun, 2, S. 276.

terzugeben: „Der Herr Schiller ist gestern dem Tod nur knapp von der Schippe gesprungen und wenn ich nicht ...", und dann folgt ein ellenlanger, atemberaubender Bericht über die eigenen Heldentaten in „Echtzeit", den sich jeder Kollege im Wohnbereich im Verlauf des Tages anhören muss, anstatt bei der Übergabe einmal sachlich zu schildern: „Herr Schiller hatte einen Kreislaufkollaps, er hatte einen Blutdruck von 210 zu 150 und musste ins Krankenhaus gebracht werden." Wenn so etwas wiederholt passiert, steht ein ernsthaftes Gespräch mit dem betreffenden Mitarbeiter an. Die Folgen seines Handelns – Zeitverluste für alle Beteiligten und unprofessioneller Eindruck auf Außenstehende – müssen ihm deutlich gemacht werden. Faustregel für den Umgang mit diesem mitteilungsfreudig-dramatisierenden Mitarbeiter sollte sein, dass man als Führungskraft spätestens dann eingreifen muss, wenn man merkt, dass unter den übrigen Mitarbeitern einige völlig genervt sind durch den übermäßigen Geltungsdrang dieses Kollegen oder wenn – besonders auch in Teambesprechungen – immer wieder viel unnötige Zeit verschwendet wird.

BEISPIEL

Fallbeispiel Die „Drama-Queen"

Kollegin Iris hatte am Wochenende Dienst: „Mensch, hier war wieder mal was los!", berichtet sie am Montagnachmittag den anderen. „Der olle Hansen hatte einen Erstickungsanfall beim Mittagessen, ich dachte schon, der stirbt mir unter den Händen weg! Und nachmittags hat ein Besucher die alte Frau Kluse auf dem Flur gefunden, sie lag direkt vor ihrer eigenen Zimmertür, ich dachte zuerst, sie wäre tot, sie hatte aber noch Puls, hab' dann sofort den Notarzt gerufen." – Hinter dem Rücken von Iris rollen die Kollegen mit den Augen: „Typisch Iris, unsere Drama-Queen, muss immer übertreiben. Jedes Mal spielt sie die große Retterin in der Not! Wenn sie mal erst nachgedacht hätte, dann wäre ihr wieder eingefallen, dass Frau Kluse erst kürzlich einen Schwindelanfall hatte. Und auf Herrn Hansen müssen wir beim Essen immer gut aufpassen, das wissen doch alle hier!"

TIPP

Praxis-Tipps:

- Sachliche Kommunikation fördern!
- Auf professioneller Kommunikation im Umgang mit allen Beteiligten bestehen!
- Vor möglichen Folgen übertriebener Darstellung warnen!

Schwierige Gespräche führen

Wann ist ein Gespräch ein „schwieriges Gespräch"?! Dies lässt sich nicht per se festlegen, da Menschen dieselbe Gesprächssituation nicht einheitlich beurteilen. Ob man etwas als „schwierig" empfindet, hängt von vielen unterschiedlichen Faktoren ab: Hält man sich selbst für einen guten Kommunikator? Ist das Gesprächsthema unangenehm? Oder vielleicht der Gesprächspartner? Ist man zu dem Zeitpunkt, in dem das Gespräch geführt wird, „gut drauf" oder durch andere Dinge abgelenkt und unkonzentriert?
Es gibt durchaus verschiedene Gesprächsarten, die sich grundsätzlich als „schwierige Gespräche" einstufen lassen. Hierzu gehören neben dem PROBLEMGESPRÄCH auch sicherlich KRITIK- und KONFLIKTGESPRÄCH. Aber auch ein als einfach eingeschätztes MITARBEITER- oder MOTIVATIONSGESPRÄCH kann in seinem Verlauf unerwartet zu einem Problemgespräch werden.
Ein „Problem" ist laut Duden erstens eine „(schwierige) Aufgabe oder Frage" und zweitens eine „Schwierigkeit bzw. Komplikation"[39]. Beides gilt es im Gespräch möglichst gemeinsam mit dem Gesprächspartner zu bewältigen, so dass ein PROBLEMGESPRÄCH immer ein lösungsorientiertes Gespräch ist, bei dem *eine* Person ein Problem hat, das sich ggf. auf andere Personen oder Arbeitsbereiche auswirkt.

In einem KRITIKGESPRÄCH ist die Ausgangslage anders.

INFO

Exkurs: Einige Grundlagen des Kritikgesprächs

Hier steht die Beanstandung eines konkreten Verhaltens des Mitarbeiters im Mittelpunkt. Ziel des Gesprächs ist es, dass der Mitarbeiter sich seines Verhaltens, dessen Auswirkungen und eventuell daraus folgender Fehler bewusst wird und dieses in Zukunft ändert.
Von zentraler Bedeutung ist, das kritisierte Verhalten verständlich an den Mann (oder die Frau) zu bringen. Nichts ist schlimmer als „destruktive Kritik", bei der aufgrund der Art und Weise wie das kritisierte Verhalten angesprochen wird, deren – sachlich gerechtfertigter – Inhalt nicht angenommen wird. Gut merken lässt sich die folgende Formel, mit deren Hilfe man im Kritikgespräch konstruktive Kritik üben sollte.

Die 3 großen „W":
Wahrnehmung: Was sehe ich? Was höre ich? – Konkretes Verhalten ansprechen (Beispiel: Die Salbe von Frau Müller liegt nicht an ihrem Platz: „Wo ist die Salbe von Frau Müller?")

39 Duden, S. 684.

Wirkung: Wie wirkt das auf mich? – Wichtig: Sachlich beschreiben, nicht bewerten: „Ich muss suchen oder nachfragen. Das kostet mich unnötige Zeit. Darüber ärgere ich mich."

Wunsch: Was wünsche ich mir? – Konkreter Lösungsvorschlag: „Die Salbe sollte immer an ihrem Platz liegen."

Ein KONFLIKTGESPRÄCH ist ebenso wie das Problemgespräch auf eine konkrete Lösung gerichtet. Allerdings geht ein Konflikt über eine bloße Schwierigkeit weit hinaus.

INFO

Exkurs: Einige Grundlagen des Konfliktgesprächs

Die Ableitung vom lateinischen „conflictus" = „Zusammen-, Aneinanderschlagen, (feindlicher) Zusammenstoß, Kampf"[40] zeigt, dass ein Konflikt einen zerstörerischer Aspekt hat, bei dem mindestens zwei gegenläufige Kräfte aufeinanderprallen.

Ein Konfliktgespräch erfordert als Teil eines guten Konfliktmanagements besondere Kenntnisse rund um die folgenden, nicht abschließenden Fragen:
Um welche Art eines Konflikts (z.B. sozialer oder struktureller Konflikt oder eine Mischform) handelt es sich?
Welche Dynamik hat der Konflikt?
Lässt sich der Konfliktkreislauf erkennen und durchbrechen?
Welche Konfliktstile lassen sich bei den Beteiligten erkennen und was bedeutet dies?
Auf welcher Stufe der 9 Stufen der Konflikteskalation nach *Glasl*[41] befindet sich der Konflikt?
Ist das Konfliktgespräch überhaupt die richtige Interventionsmethode? Oder bedarf es stattdessen einer Konfliktmoderation oder eines Mediationsverfahrens? Oder droht möglicherweise sogar ein Gerichtsverfahren?

Schwierige Gespräche lassen sich leichter führen, wenn man einige Grundlagen beachtet. Da ein „Problem" – wie bereits oben beschrieben – eine „schwierige Aufgabe" oder eine „Komplikation" ist, werden die Grundlagen zum Führen schwieriger Gespräche nachfolgend anhand des Problemgesprächs dargestellt. Sie gelten aber gleichermaßen in leicht modifizierter Form auch für die anderen Gesprächsarten. Insbesondere das Konfliktgespräch erfordert zusätzliche methodische Kom-

40 Pons, Wörterbuch: www.pons.com/uebersetzung/latein-deutsch; Stand: 14.08.2016.
41 Glasl, Konfliktmanagement, 2009.

petenzen, weil es weitreichendere negative Auswirkungen im Arbeitsleben bis hin zu arbeitsrechtlichen Auseinandersetzungen haben kann.

Problemgespräche führen – Die Grundlagen für *jedes* schwierige Gespräch

Ein Problem stellt aufgrund der mit ihm verbundenen Schwierigkeiten zumindest eine Herausforderung, wenn nicht sogar einen Störfaktor dar. Das Problem „besitzt" zunächst einmal nur *ein* Gesprächspartner, wobei die Auswirkungen des Problems auch andere Personen und/oder Arbeitsbereiche treffen können. Ein Problemgespräch ist daher ein lösungsorientiertes Gespräch, hier verstanden als Zweier-Gespräch zwischen der Führungskraft und dem Mitarbeiter.
Ziele eines hilfreichen Problemgesprächs sind: ggf. Hilfe beim Erkennen des Problems, genaue Beschreibung und gemeinsame Analyse des Problems, gemeinsame Suche nach Lösungen sowie Hilfe zur Selbsthilfe.

Die zu beachtenden Grundlagen setzen nicht erst beim Gespräch selbst an, sondern bereits in der Vorbereitung auf das Gespräch. Als Führungskraft ist man für die Rahmenbedingungen eines erfolgreichen Gesprächs verantwortlich. Daneben ist eine Vorbereitung auf den Gesprächspartner und auf das Thema angebracht. Das Gespräch selbst bedarf eines strukturierten Ablaufs. Nach Abschluss ist im Regelfall eine Nachbereitung oder auch „Nachsorge" durch die Führungskraft erforderlich.

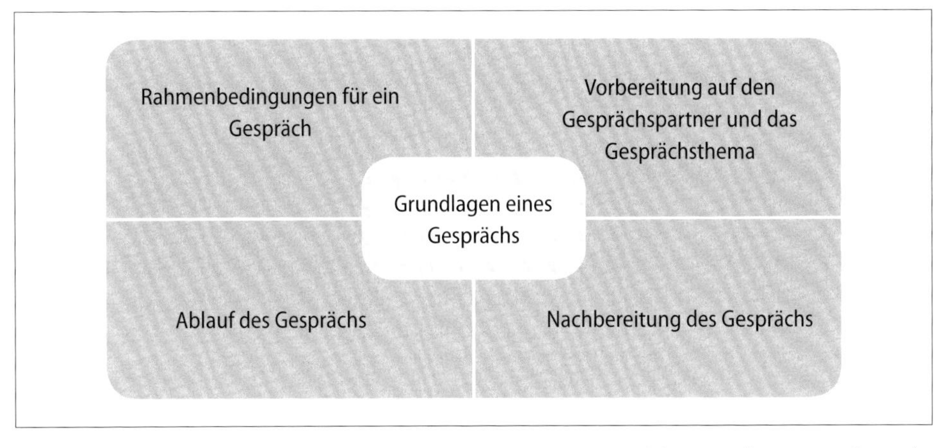

Abb. 1: Grundlagen eines Gesprächs

Rahmenbedingungen für ein Gespräch

Zunächst einmal muss man überlegen, wann das Gespräch stattfinden soll. Der TERMIN sollte so gewählt werden, dass ausreichend Zeit zur Verfügung steht. Eine feste Dauer lässt sich im Vorhinein meistens nicht genau festlegen, sondern nur abschätzen. Um nicht während des Gesprächs unnötig unter Zeitdruck zu geraten, sollte man anschließend keinen direkten Folgetermin einplanen. Auch die Interessen des Mitarbeiters sind hierbei zu berücksichtigen. Wenn für diesen beispielsweise ein pünktlicher Dienstschluss wichtig ist, weil er seine Kinder vom Kindergarten oder der Übermittagsbetreuung abholen muss, entspricht ein Termin kurz vor Dienstschluss nicht seinen Interessen. Auf den Gesprächsablauf wirkt sich ein ständiger Blick auf die Uhr nicht positiv aus.

Als nächstes ist der passende ORT für das Gespräch zu wählen. Je nach Einrichtung bieten sich hier unterschiedliche Möglichkeiten, wobei nicht alle Möglichkeiten überall vorhanden sind. Man sollte – wenn man eine Wahlmöglichkeit hat – sich der unterschiedlichen Wirkungen bewusst sein und damit auch den Ort bewusst wählen. Es macht einen Unterschied, ob man das Gespräch im eigenen Büro führt oder im Büro des Gesprächspartners – falls dieser überhaupt ein eigenes Büro hat. Manchmal kann auch ein „neutraler Ort" wie ein Besprechungszimmer die bessere Wahl sein. Wird ein Gespräch im eigenen Büro geführt, sollte man sich möglichst an einem gesonderten Besprechungstisch zusammensetzen. Dieser sollte frei von anderen Unterlagen sein. Hat man diese Möglichkeit nicht, kann man gegebenenfalls für das Gespräch den Platz hinter seinem Schreibtisch verlassen und sich gemeinsam auf die andere Seite setzen. Ungünstig für ein konstruktives Gespräch ist es auf jeden Fall, wenn man sich quasi hinter seinem Schreibtisch, Computerbildschirm, Schreibtischlampe und Papierbergen „verschanzt". Dieses „Setting" kann schon vor Beginn des eigentlichen Gesprächs eine eigene Abwehrhaltung signalisieren oder auch beim Gesprächspartner bewirken. Am besten werden schwierige Gespräche an einem runden Tisch geführt, da dieser bereits symbolisch für die Kooperationsbereitschaft steht.

Hat man Ort und Termin gefunden, sind diese dem Gesprächspartner mitzuteilen und kurz abzustimmen. Es gibt verschiedene Möglichkeiten, in welcher **Form** diese MITTEILUNG erfolgen kann: persönlich, per E-Mail, telefonisch oder durch andere Personen wie beispielsweise durch die Sekretärin (nicht durch Kollegen des betreffenden Mitarbeiters!). Die Art und Weise, in der die Mitteilung erfolgt, kann wiederum unterschiedliche Wirkungen haben. Zieht man die persönliche Mitteilung vor, dann muss man den Mitarbeiter möglicherweise erst längere Zeit im Haus suchen. Hat man ihn gefunden, ist der Zeitpunkt vielleicht unpassend, weil der Mitarbeiter gerade mitten in einer anderen Tätigkeit ist, die er schlecht unterbrechen kann: Pflege eines Bewohners oder Gespräch mit einem Bewohner, Angehörigen oder Kollegen. Auch bei einem Telefonanruf kann der Zeitpunkt für den Gesprächspartner ungünstig sein, weil gerade andere Personen im Dienstzimmer sind oder vielleicht ein Kollege das Telefon am Gürtel durch das Haus trägt. Eine schriftliche Einladung per E-Mail wirkt vielleicht zu förmlich. Dasselbe gilt erst recht, wenn man die Einladung durch die Sekretärin (falls man eine hat) übermitteln lässt. Auf jeden Fall sollte man das Für und Wider der jeweiligen Form gut überlegen und von der Brisanz des Anlasses abhängig machen.

Außerdem ist das GESPRÄCHSTHEMA dem Gesprächspartner bekanntzugeben, um diesem der Fairness halber die Möglichkeit zu geben, sich ebenfalls auf das Gespräch vorzubereiten. Hierbei sollte man auf eine möglichst sachlich-neutrale Formulierung achten. Beispiel: „Herr XY, ich habe in letzter Zeit Veränderungen in ihrem Arbeitsverhalten bemerkt und möchte gerne mit Ihnen darüber sprechen." Dies beugt einer Abwehrreaktion vor und verhindert, dass sofort an Ort und Stelle eine Rechtfertigung oder Diskussion beginnt, was wahrscheinlich ist, wenn man beispielsweise sagt „Herr XY, ich möchte gerne mit Ihnen über ihren rapiden Leistungsabfall sprechen". Nur in Ausnahmefällen sollte man von diesem Grundsatz abweichen, zum Beispiel wenn man mit dem betreffenden Mitarbeiter bereits die Erfahrung gemacht hat, dass eine solche Ankündigung eine unverzügliche Krankmeldung nach sich zieht.

Will man eine wohlwollende Atmosphäre herstellen, kann man Getränke und Kekse bereitstellen, denn „Füttern schafft Vertrauen". Um Störungen zu vermeiden, sollte man das Telefon lautlos stellen, Gespräche an eine andere Person weiterleiten bzw. den Anrufbeantworter anstellen. Ein „Bitte nicht stören!" Schild an der Tür ist ebenfalls ratsam.

Ggf. nötige Unterlagen sowie Zettel und Stift können für jeden Gesprächsteilnehmer bereit gelegt werden.

Vorbereitung auf den Gesprächspartner und das Gesprächsthema

Zur Vorbereitung auf den Gesprächspartner sollte man sich zunächst einmal frühere Gespräche mit diesem ins Gedächtnis rufen: Wie hat er sich üblicherweise verhalten? Hat er ein problematisches Gesprächsverhalten gezeigt? Beantwortet man sich selbst diese Fragen, kann man sich schon mal gedanklich auf den Gesprächspartner einstellen. Eine Reflexion ermöglicht es, ohne „gepflegte Vorurteile" in das Gespräch zu gehen.

Abhängig vom eigenen Status als Führungskraft im Hierarchiegeflecht der Einrichtung und dem Gesprächsanlass ist eine Beiziehung der Personalakte möglich und/oder erforderlich.

Problematisch ist eine Informationsbeschaffung durch Gespräche mit Dritten oder gar in sozialen Netzwerken, da die Verlässlichkeit der Informationen nicht geprüft werden kann. Nichts ist schlimmer, als sich in einem Gespräch auf Informationen „vom Hörensagen" zu stützen, die der Gesprächspartner mit wenigen Worten als unrichtig entlarvt und die ihren zweifelhaften Ursprung erkennen lassen.

Inhaltlich erfordert die Gesprächsvorbereitung eine Auseinandersetzung mit dem Problem. Hier lässt sich die eigene Sichtweise anhand folgender Fragen reflektieren:

- Worin genau sieht man das Problem?
- Wann hat man das Problem zum ersten Mal wahrgenommen?
- Welche Auswirkungen hat das Problem auf andere Personen und/oder Arbeitsbereiche?
- Welche Ursachen könnte das Problem haben? Gibt es ein „Problem hinter dem Problem"?
- Welche Ziele werden verfolgt?
- Welche Hindernisse könnten bestehen? Lassen sich diese überwinden und wenn ja, wie?
- Wie könnte das Problem gelöst werden?

Bei der Beantwortung dieser Fragen sollte man auch versuchen, sich in den Gesprächspartner hineinzuversetzen, und das Problem aus seiner Sicht zu sehen. Hypothesen über den Standpunkt des Gesprächspartners, seine Interessen, Argumente und Ziele können aufgestellt werden.

Da die Art und Weise, *wie* das Problem angesprochen wird, entscheidend sein kann für den weiteren Verlauf des Gesprächs, ist es empfehlenswert, sich durchaus vorab einige Sätze zu überlegen und ggf. zu notieren. Beispiele für konstruktive Formulierungen folgen im nächsten Abschnitt.

Gesprächsstruktur/Ablauf eines Gesprächs

Ein Gespräch ist vergleichbar einem Flug mit einem Flugzeug: Es besteht aus einer START-, einer FLUG- und einer LANDUNGsphase. In diesem Bild lassen sich Fehler, die in einem Gespräch gemacht werden können, anschaulich verdeutlichen.
Beim START muss der Passagier zunächst einmal einchecken, wird beim Einstieg freundlich begrüßt und nimmt Platz; dann rollt das Flugzeug in die Startposition und hebt langsam ab; ein „Raketenstart" sollte sowohl beim Flugzeug als auch im Gespräch wegen der damit verbundenen Unannehmlichkeiten unbedingt vermieden werden, also nicht „mit der Tür ins Haus fallen"!
FLUG: Ist die „Reisehöhe" bzw. die „Betriebstemperatur" im Gespräch erreicht, kann die eigentliche Arbeit – also hier im Gespräch die Klärung und Lösung des Problems – beginnen. Wenn es doch dann einmal Turbulenzen gibt, sollte der „Flugkapitän" die Lage mit geeigneten professionellen Maßnahmen in den Griff bekommen, damit das Flugzeug nicht ins Trudeln gerät und abstürzt.
Der Abschluss des Gesprächs gleicht wiederum einer LANDUNG: Ein Flugzeug sollte möglichst nach einem langsamem Sinkflug wieder sanft auf der Erde aufsetzen; auch hier wäre ein zu schnelles Absinken mit vielen Unannehmlichkeiten verbunden, und eine „Bruchlandung" möchte niemand erleben. Nach der Ansage, sich abschnallen zu dürfen, ist der Flug offiziell vorbei, die Passagiere nehmen ihre Habseligkeiten und werden freundlich verabschiedet.

Im Folgenden wird ein strukturierter Ablauf, den jedes lösungsorientiert geführte Gespräch haben sollte, vorgestellt:

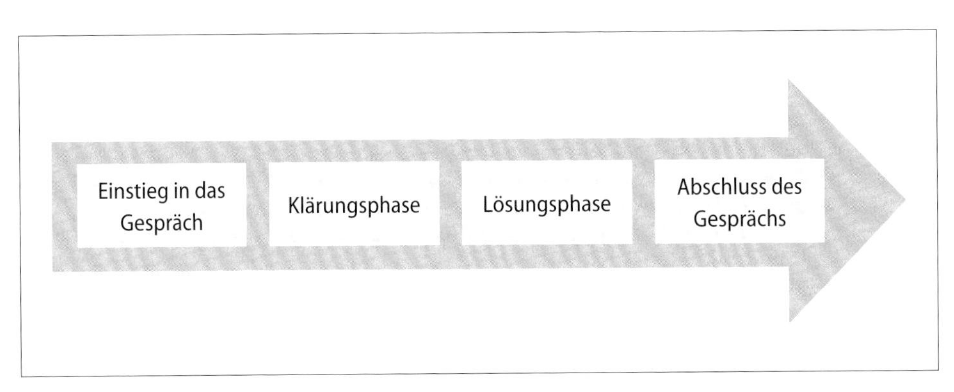

Abb. 2: Ablauf eines Gesprächs

Es gilt beim EINSTIEG IN DAS GESPRÄCH in jedem Fall, auch wenn der Ablauf unangenehm ist, eine positive Atmosphäre zu schaffen. Daher ist eine kurze Begrüßung des Gesprächspartners selbstverständlich. Mit einem „Herr XY, schön dass Sie da sind." oder einem „Ich freue mich, dass das heute geklappt hat, Frau Z" ist bereits ein erster Kontakt hergestellt und zumindest das Zustandekommen des Gesprächs positiv gewürdigt. Grundsätzlich ist auch ein Smalltalk ein guter Gesprächseinstieg, allerdings sollte man gerade in Problem- oder gar Konfliktgesprächen (anders als zum Beispiel in Motivationsgesprächen) besser darauf verzichten, wenn der Anlass sehr unangenehm ist, was dann ja allen Beteiligten bekannt sein dürfte. In diesem Fall würde ein Smalltalk wie ein „Gut Wetter machen" oder ein „Um den heißen Brei herumschleichen" wirken. Ähnlich wäre es mit einem Lob oder der Nachfrage nach dem Befinden des Gesprächspartners.

Das Gesprächsthema sollte kurz genannt werden, denn durch ein „Worüber wir heute sprechen wollten, ist ..." wird Klarheit geschaffen. Zudem kann auch kurz das Ziel des Gesprächs, in diesem Fall der Wunsch nach einer gemeinsamen Lösung, genannt werden. Mit „Ziel" ist nicht gemeint, bereits einen konkreten Lösungsvorschlag zu machen. Erfahrungsgemäß empfiehlt es sich, einen anvisierten Zeitrahmen für das Gespräch zu nennen, damit der Gesprächspartner sich darauf einstellen kann: „Ich habe ungefähr eine Stunde für unser Gespräch eingeplant, ich denke, dass wir damit auskommen sollten."

An dieser Stelle ist eine Abstimmung der Vorgehensweise erforderlich. Es bestehen verschiedene Möglichkeiten: Entweder man schildert zunächst das Problem aus der eigenen Sicht oder man überlässt zunächst dem Gesprächspartner das Wort. Folgende Formulierungen bieten sich beispielhaft an: „Ich möchte Ihnen nun kurz genauer erläutern, warum ich Sie zu diesem Gespräch gebeten habe. Danach möchte ich meine Sichtweise schildern und Sie erhalten dann Gelegenheit, dasselbe zu tun." oder „Zunächst möchte ich nochmal genauer erläutern, warum ich dieses Gespräch mit Ihnen führen möchte. Und würde Sie dann bitten, Ihre Sichtweise zu schildern, bevor ich Ihnen meine darlege." Welche Vorgehensweise man vorzieht, sollte man sich zuvor in der Gesprächsvorbereitung überlegen. Hat man sich beispielsweise aus früheren Gesprächen ins Gedächtnis gerufen, dass der Gesprächspartner sehr unruhig ist, kaum den Ausführungen anderer Personen folgen kann, sondern diese ständig unterbricht, bietet es sich an, dem Gesprächspartner zuerst das Wort zu erteilen.

In der KLÄRUNGSPHASE ist zunächst – wie bereits oben angedeutet – das Problem offen und aufbauend anzusprechen. Um das Gespräch konstruktiv zu gestalten, empfehlen sich Ich-Botschaften. Zu vermeiden sind dabei Du-/Sie-Botschaften, da Letztere ein Gespräch bereits nach dem ersten Satz eskalieren lassen können, wie nachstehendes Praxisbeispiel zeigt.

BEISPIEL

Fallbeispiel Die offene Tür

Die Wohnbereichsleitung Inge möchte dem Pfleger Martin mitteilen, dass er die Tür des Stationszimmers nicht offen lassen soll. Inge sagt: „Martin, immer lässt Du die Tür offen stehen." Martin fängt sofort an, sich zu rechtfertigen, weil er „gar nicht immer die Tür offen lasse" und „nur vorhin die Hände voll hatte" oder „er schnell zu Frau Z wollte, die geklingelt habe" oder „Pflegerin Sabine, die er am Ende des Gangs gesehen habe, doch sowieso gleich hinein wolle" oder „das doch eh keinen störe" oder oder oder. Es beginnt also eine kleinliche Diskussion über Einzelheiten: Ob Martin wirklich immer die Tür offen lässt oder nur gerade keine Hand frei hatte oder etwas hätte abstellen können, ob man wirklich so schnell zu Frau Z müsse, Sabine vielleicht noch aufgehalten wurde oder ob sich Inge dauernd wegen einer offenen Tür „anstellt".

Ein Vorschlag, wie das Problem konstruktiv angesprochen werden kann, findet sich im Anschluss an die nächste Info-Box.

INFO

Du-/Sie- und Ich-Botschaften

Die Du-/Sie-Botschaft führt schnell zur Konfrontation. Der „Sprecher" einer Du-Botschaft zeigt quasi mit ausgestrecktem Finger auf seinen Gesprächspartner. Dies kann beim Gesprächspartner zu Widerwillen, Widerspruch, Ärger, Schuldgefühlen und damit zu langatmigen Rechtfertigungen führen. (Beispiel: „Du machst immer alles so kompliziert!")

Die Ich-Botschaft führt hingegen eher zu Verständnis und Kooperation. Sie beleuchtet die eigene (Gefühls-) Wahrnehmung, die dem „Sprecher" vom Gesprächspartner nicht abgesprochen werden kann. (Beispiel: „Ich habe wirklich Schwierigkeiten, das zu verstehen.")

Merke: Nicht alle Du-Botschaften fangen mit einem „Du" an: „Ich finde, dass Du immer alles so kompliziert machst", ist genauso eine Du-Botschaft wie „Du machst alles so kompliziert." Auch spielen der Tonfall und die gesamte Körpersprache in diesem Kontext eine entscheidende Rolle.

Wichtig ist in diesem Zusammenhang, dass man sich der unterschiedlichen Wirkungen von Du- und Ich-Botschaft bewusst ist, um diese gezielt einsetzen zu können bzw. die Reaktion des Gesprächspartners auf die eigene gesendete Botschaft erklären zu können. Nicht sinnvoll wäre es, die Du-Botschaft gänzlich aus dem eigenen Sprachgebrauch zu streichen. Das wäre völlig unrealistisch und auch nicht immer angebracht. Es gibt Situationen, in denen man gerade als Führungskraft bewusst eine Tatsache oder

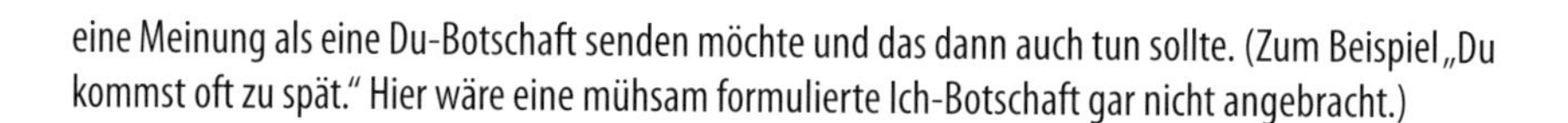
eine Meinung als eine Du-Botschaft senden möchte und das dann auch tun sollte. (Zum Beispiel „Du kommst oft zu spät." Hier wäre eine mühsam formulierte Ich-Botschaft gar nicht angebracht.)

Eine Möglichkeit, Probleme konstruktiv anzusprechen, orientiert sich an der oben vorgestellten Formel „Die 3 großen W" zum Üben konstruktiver Kritik. Verzichtet wird auf das „letzte W", da es noch nicht um die Problemlösung (= Wunsch) geht. Um das Problem konstruktiv – ohne typische Du-Botschaft – anzusprechen, könnte Inge im Fallbeispiel „Die offene Tür" daher Folgendes sagen: „Martin, mir ist aufgefallen, dass häufig die Tür offen bleibt, wenn du das Stationszimmer verlässt. Bei offener Tür kann ich keine ungestörten/vertraulichen Telefonate mehr führen. Ich merke dann, wie ich mich nicht mehr richtig auf das Gespräch konzentrieren kann und ärgerlich werde." So hätte Inge zunächst die Situation, die sie stört, sachlich, und dann die - wiederum sachlichen – Auswirkungen, die diese Störung hat, genauer beschrieben und dann erst ihre gefühlsmäßige Reaktion (= ärgerlich werden) benannt. Eine Bewertung hat sie dabei unterlassen.

Nachdem das Problem konstruktiv angesprochen wurde, wird die Klärung vertieft. Am Anfang steht ggf. eine Hilfe beim Erkennen des Problems. Ziel ist eine genaue, ausführliche Beschreibung und gemeinsame Analyse des Sachverhalts. Dabei muss man sich bewusst machen, dass dasselbe Problem von verschiedenen Personen unterschiedlich wahrgenommen werden kann (vgl. Kapitel 3.1 „Wahrnehmung"). Daher sind zunächst einmal die unterschiedlichen Sichtweisen einzuholen. Entweder schildert man abhängig von der zuvor vereinbarten Vorgehensweise zunächst die eigene Sichtweise oder man holt zuerst die des Gesprächspartners ein. Wenn beide ihre Betrachtungsweise geschildert haben, ist es wichtig, auf den Mitarbeiter einzugehen, seine Gefühle, Bedürfnisse, Interessen, Wünsche und/oder Ziele zu klären und das Gespräch wenn nötig auf eine positive Weise zu „verlangsamen". Dies gelingt am besten durch gutes Zuhören.

INFO

Verschiedene Methoden professionellen Zuhörens

Das Aktive Zuhören bezeichnet die wichtigste Voraussetzung für das Gelingen jeder professionellen Gesprächsführung. Man versteht darunter eine zugewandte Haltung im Gespräch, wobei damit sowohl die äußere als auch die innere Haltung gemeint ist. Eine offene Körperhaltung und Blickkontakt, Nicken oder Kopfschütteln zeigen Aufmerksamkeit, und ein gelegentlich eingestreutes „Hm", „Soso" oder „Ach" zeugen von Interesse.

Auf keinen Fall darf der Zuhörer in Unterlagen, Zeitungen oder auf Displays aller Art schauen, und zwar selbst dann nicht, wenn er davon überzeugt ist, dass er gleichzeitig einen Blick auf Informationen werfen und gut zuhören kann. Dies wirkt auf den Gesprächspartner so, als sei der andere nicht bei der Sache.

Eine intensivere Form des Zuhörens, die über das eher niedrigschwellige Aktive Zuhören hinausgeht, ist das Spiegeln, auch Paraphrasieren genannt. Hierbei wird das Gesagte vom Zuhörer mit eigenen Worten wiederholt wie z. B.: „Habe ich das richtig verstanden, dass...?"

Außerdem gibt es noch die Methode des Einfühlenden Verstehens (vgl. Kapitel „Partnerzentrierte Gesprächsführung"), auch als „Verbalisieren emotionaler Erlebnisinhalte" bezeichnet. Das Einfühlende Verstehen versucht das zugrundeliegende Gefühl des Gesprächspartners herauszufinden. Es empfiehlt sich dabei, die Gefühle, die möglicherweise infragekommen, in einen Fragesatz zu formulieren und dem Gesprächspartner damit die Gelegenheit zu geben, das eine oder andere Gefühl als passend zu erkennen oder seinem eigenen Gefühl auf die Spur zu kommen. Wichtig ist hierbei, einen offenen Tonfall zu verwenden. Man könnte diese „hohe Kunst" der Gesprächsführung auch als „Lesen zwischen den Zeilen" bezeichnen.

Mittel und Ziele des Aktiven Zuhörens:

- Blickkontakt, Kopfnicken,
- zugewandte Körperhaltung/-sprache,
- auditive/verbale Signale, die Aufmerksamkeit zeigen wie beispielsweise „Mmh" oder „Aha".

Das Aktive Zuhören dient dazu, dem Gesprächspartner zu signalisieren, dass man ihm konzentriert zuhört und mit ungeteilter Aufmerksamkeit ganz bei ihm ist. Das Gesagte wird nicht (vorschnell) kommentiert, sondern dem Gesprächspartner wird die Möglichkeit gegeben, (weiter) zu sprechen und die eigenen Gedanken zu entwickeln.

Mittel und Ziele des Spiegelns und Paraphrasierens:

- Spiegeln = Wiederholen des Gesagten mit den gleichen Worten,
- Paraphrasieren = Wiederholen des Gesagten mit eigenen Worten,
- Zusammenfassen.

Ziel des Spiegelns und Paraphrasierens ist es zu zeigen, dass man zugehört und das Wesentliche erfasst hat: „Sie sagen, dass …", „Ich fasse einmal zusammen, dass Ihnen folgende Punkte wichtig sind: ...". Der Gesprächspartner hört seine eigenen Worte und kann ggf. Korrekturen vornehmen. Zudem werden durch ein „Habe ich Sie richtig verstanden, dass … für Sie wichtig ist?" oder „Ihnen geht es um …" das eigene Verständnis überprüft und Missverständnisse vermieden. Wiederholung und Zusammenfassen sind auf den sachlichen Inhalt beschränkt und frei von eigenen Urteilen, Vorschlägen oder Vorstellungen.

Mittel und Ziele des Einfühlenden Verstehens:

- Verbalisieren = Heraushören des hinter dem Gesagten wirklich Gemeinten (wie Gefühle, Wünsche),
- sich in den anderen hineinversetzen.

Ziel des Einfühlenden Verstehens ist es, nicht nur den sachlichen Gehalt einer Äußerung zu verstehen, sondern die Gefühlsebene zu erfassen. Hier wird quasi „zwischen den Zeilen gelesen", indem man versucht, die (unausgesprochenen) Gedanken des Gesprächspartners zu erfassen und dabei das Wesentliche herauszuhören. Eine wichtige Grundlage spielt hierbei das, was nonverbal zum Ausdruck kommt. Wenn man die Gefühle des Gesprächspartners heraushören kann, kann man diese auch aufgreifen und rückformulieren (z. B. „Ich frage mich, ob Sie das (hier das vermutete Gefühl benennen) traurig macht?" oder „Irre ich mich oder wünschen Sie sich …?"). Hierbei sollte man darauf achten, in einem fragenden Tonfall möglichst offen zu formulieren und sein eigenes Verständnis zu überprüfen, indem man dem Gesprächspartner die Möglichkeit zur Korrektur gibt. (*Beispiel:* „Ich habe den Eindruck, dass Sie das traurig macht?" – Mögliche Antwort: „Nein, ich bin nur ratlos!") (vgl. auch Kapitel „Partnerzentrierte Gesprächsführung")

Insbesondere mithilfe der Technik des Einfühlenden Verstehens kann man den Ursachen der Situation auf den Grund gehen und ggf. versuchen, ein möglicherweise vorhandenes „Problem hinter dem Problem" herauszuarbeiten. Denn es kommt nicht selten vor, dass der zunächst als problematisch dargestellte Sachverhalt nur vordergründig das Problem ist; bei genauerer Betrachtung und einfühlendem Gesprächsverhalten entpuppt sich dann oft der wahre Grund für die heikle Lage des Mitarbeiters.

BEISPIEL

Fallbeispiel Die unpünktliche Stefanie

Wohnbereichsleiter Tom vom Wohnbereich Erdgeschoss hat ein großes Problem. Seit einigen Wochen ist seine Mitarbeiterin Stefanie, eine sonst immer sehr zuverlässige, erfahrene Altenpflegehelferin, immer wieder unpünktlich zum Dienst erschienen. Mal kommt sie 10 Minuten zu spät, aber sie ist auch schon mehrere Male eine halbe Stunde zu spät erschienen. Außerdem häufen sich einzelne Fehltage. Im Gespräch zeigt sie sich zunächst sehr verschlossen: „Mein Auto springt oft nicht an, die alte Klapperkiste. Da musste ich mir erst ein Auto in der Nachbarschaft leihen." Als Tom nicht locker lässt und sehr einfühlsam nachfragt, ob nicht doch noch etwas anderes dahinterstecke, bricht es aus ihr heraus und Tom erfährt, dass Stefanie große Probleme mit ihrem 16-jährigen Sohn hat. Immer wieder schwänzt er die Schule und ist auch schon beim Ladendiebstahl erwischt worden. Deshalb versucht Stefanie, ihren Sohn stärker zu kontrollieren, indem sie so lange zu Hause bleibt, bis er aufgestanden und aus dem Haus gegangen ist. Nachdem das „Problem hinter dem Problem" offen auf dem Tisch liegt, können beide darangehen zu überlegen, wie Stefanie für einen vorübergehenden Zeitraum ihre Dienstzeiten ändern könnte.

Nach Abschluss der Klärungsphase schließt sich die LÖSUNGSPHASE an. Als Führungskraft hat man oft schon eine gute Lösung parat. Dann besteht immer die Gefahr, sie dem betreffenden Mitarbeiter quasi „von oben" aufzudrücken mit dem Risiko, dass der Mitarbeiter nicht mitzieht. Handeln muss schließlich immer derjenige, der das Problem „besitzt". Da die Angelegenheit aber keine rein private ist, sondern im beruflichen Umfeld auftritt oder zumindest Auswirkungen auf dasselbe hat, sind die Interessen des Arbeitgebers (beispielsweise an reibungslosen Arbeitsabläufen, fachgerechter und fehlerfreier Pflege) zu berücksichtigen. Ziel ist es, möglichst ein gemeinsames Ergebnis zu suchen und zu finden, das für alle Betroffenen tragbar ist. Daher sollten zunächst einmal beide Gesprächspartner ihre Ideen sammeln. Dafür bieten sich verschiedene Techniken an, die bekannteste ist wohl das „Brainstorming" = spontanes Sammeln von Gedanken/Lösungen ohne Bewertung.

Die Bewertung erfolgt erst in einem weiteren Schritt. Werden die verschiedenen Möglichkeiten und ihre Bewertung nämlich sofort miteinander verbunden, besteht die Gefahr, vorschnell bei einer Lösungsoption zu verharren. Andere ggf. bessere Ideen werden dann nicht mehr zur Disposition gestellt. Dabei muss man aufpassen, dass man nicht aus mehreren ungeeigneten Lösungen die vermeintlich „Beste" auswählt. Eine ungeeignete Lösung ist und bleibt ungeeignet! Eine Methode zum Bewerten von Lösungsoptionen ist das sogenannte SMART-Prinzip[42], das sich zur Ermittlung von Zielen eignet, in Problemgesprächen in seiner Reinform aber eher selten zum Einsatz gelangt. Anders ausgedrückt: Effektive Optionen zur Lösung eines Problems müssen: realistisch, konkret und präzise, positiv formuliert, terminiert, schriftlich fixierbar, persönlich erstrebenswert und kontrollierbar sein.

INFO

„Effektive Lösungen" finden

Lösungen konkret, klar und einfach formulieren!
Auf realistische Lösungen achten, d. h. die Lösungen müssen im Rahmen der Möglichkeiten des Mitarbeiters liegen („Ein Fisch kann nicht Fahrradfahren!").
Lösungen müssen umsetzbar sein, berücksichtigen also eventuell auftretende Schwierigkeiten oder Hindernisse. (Sind diese unüberwindbar, handelt es sich nicht um eine geeignete Lösung.)
Der Zeitrahmen, in dem die Umsetzung gelingen kann, muss realistisch sein.
Sind Hilfsmittel für die Umsetzung erforderlich, müssen diese erreichbar sein.

Lassen sich keine Lösungsoptionen bzw. Lösungen finden, lässt dies vermuten, dass in der Klärungsphase noch nicht alles geklärt wurde. Dann muss man im Gespräch wieder einen Schritt zurückgehen und erneut in die Klärungsphase einsteigen.

Wenn eine für alle Betroffenen tragbare Lösung gefunden wurde, ist eine konkrete Vereinbarung zu treffen. Die gefundene Lösung (und evtl. nötige Hilfestellungen) sowie der Zeitrahmen sind festzuhalten. Man kann auch Ansprechpartner benennen, die bei der Umsetzung helfen können. Ein Zeitpunkt für eine gemeinsame Überprüfung des Ergebnisses oder für eine Kontrolle ist festzulegen. Ggf. kann ein Protokoll angefertigt und von beiden Gesprächsteilnehmern unterschrieben werden.

42 Beckmann, Traumberuf, S. 82.

Manchmal lassen sich zunächst nur Zwischenergebnisse finden, zum Beispiel weil für eine endgültige Lösung noch nicht alle Informationen vorliegen, weil zusätzliche Personen hinzugezogen werden müssen, weil die Zeit nicht ausreicht oder andere Umsetzungshindernisse bestehen, die erst „aus dem Weg geräumt" werden müssen. Diese Zwischenergebnisse sind bereits als Teilerfolg zu würdigen. Um eine endgültige Lösung zu finden, sind jedoch genaue Vereinbarungen zu treffen. Es ist je nach den Umständen beispielsweise festzulegen, wer welche Informationen bis wann einholt. Gleiches gilt für weitere zu beteiligende Personen. Vielleicht ist auch bis zu einem nächsten Gespräch eine Bedenkzeit erforderlich. Ein Folgetermin sollte dann konkret vereinbart werden, zumindest aber ein Zeitraum festgeschrieben werden, bis wann ein neuer Termin anberaumt werden soll.

BEISPIEL

Fallbeispiel Die unpünktliche Stefanie – Fortsetzung

Nach vier Wochen zeigt sich, dass Stefanie den Problemen ihres Sohnes ziemlich hilflos gegenübersteht. Die Schule droht mit einem Verweis und wegen erneuten Ladendiebstahls steht ein Gerichtsverfahren an. Stefanie ist völlig überfordert und will ihren Job kündigen, um nur noch zu Hause auf ihren Sohn aufzupassen. Tom spricht mit dem Heimleiter. Weil Stefanie schon so lange im Haus arbeitet und immer gute Leistungen erbracht hat, sagt der Heimleiter seine Hilfe zu. Er befürchtet, sonst eine gute Mitarbeiterin zu verlieren. Nach Rücksprache mit Stefanie organisiert sie einen Termin für sich und ihren Sohn bei einer Erziehungsberatungsstelle, die sich bereiterklärt, sich ebenfalls um das drohende Strafverfahren zu kümmern.

Zum ABSCHLUSS DES GESPRÄCHS muss geklärt werden, ob wirklich alles besprochen wurde. Nichts ist schlimmer, als wenn ein Gesprächsteilnehmer – egal ob Vorgesetzter oder Mitarbeiter – unzufrieden das Gespräch verlässt, weil wichtige Fragen offen geblieben sind oder Themen gar nicht besprochen wurden. Außerdem sollte der Abschluss positiv gestaltet werden, beispielsweise durch ein „Frau Z, ich bedanke mich für dieses konstruktive Gespräch, in dem wir einer Lösung bereits sehr nahe gekommen sind/eine gute Lösung gefunden haben." Sowohl der Gesprächserfolg als auch der Gesprächspartner werden dadurch anerkannt.

INFO

„Was man vermeiden sollte"

Bewerten oder Moralisieren („Wie kann man nur so ...!"), weil man sich dadurch anmaßt, den anderen zu beurteilen oder zu verurteilen.
Ratschläge geben oder sich identifizieren („Das kenne ich. Ich an deiner Stelle würde ...."), weil jeder Mensch anders ist und anders reagiert und weil man dadurch dem Betroffenen die Verantwortung abnehmen würde.
Trösten oder Bagatellisieren („Wird schon wieder! Ist doch halb so schlimm!"), weil es dem Betroffenen das Gefühl gibt, man nimmt ihn nicht ernst.

Nachbereitung des Gesprächs

Zu den Aufgaben einer Führungskraft gehört auch die Nachbereitung des Gesprächs oder die „Nachsorge". Eine weit intensivere Nachbereitung ist immer dann erforderlich, wenn es sich eigentlich um eine Vorbereitung eines nächsten Folge-/ Gesprächstermins handelt, weil bislang lediglich ein Zwischenergebnis gefunden wurde. Vielleicht sind weitere Informationen einzuholen, die Beteiligung weiterer Personen zu koordinieren und ein neuer Gesprächstermin zu organisieren. Falls der Gesprächspartner bestimmte Aufgaben übernommen hat, ist deren fristgerechte Erledigung zu kontrollieren und ggf. freundlich, aber bestimmt daran zu erinnern. Und selbstverständlich hat man an die fristgerechte Erledigung der eigenen Aufgaben zu denken.

„Nachsorge" bedeutet auch, in der Folgezeit zu beobachten, ob das Problem tatsächlich geklärt und gelöst wurde. Vielleicht zieht die gewählte Lösung praktische Hindernisse nach sich, die zuvor nicht bedacht wurden, oder die vereinbarten Maßnahmen greifen nicht. Das ist immer dann im Auge zu behalten, wenn der Mitarbeiter nicht völlig überzeugt wirkt. Vielleicht hat er ja doch nur „zähneknirschend" der Lösung zugestimmt, weil er sich dem Chef gegenüber nicht durchsetzen konnte. In einem solchen Fall besteht grundsätzlich die Gefahr, dass der Mitarbeiter die Lösung irgendwie versteckt torpediert. Dann muss eine Alternativlösung gesucht werden.

Problematisches Gesprächsverhalten

Im Unterschied zu den verschiedenen Kommunikationsstilen (vgl. Kapitel „Die acht Kommunikationsstile und ihre Bedeutung für die Praxis"), die grundsätzlich unterschiedliche Haltungen in Gesprächen aus psychologischer Sicht beleuchten, wird hier ein problematisches, *tatsächlich beobachtbares Verhalten* im konkreten Gespräch dargestellt. Es geht hierbei eher um die Form der Kommunikation als um den Inhalt. Es handelt sich hierbei ausdrücklich nicht um Typisierungen, weil mit einer Einteilung der Menschen in Typen oder Kategorien oft ein dem einzelnen Individuum nicht gerecht werdendes „Schubladendenken" einhergeht.

Aber dennoch kann man sie in fast jedem Team beobachten: Den DAUERREDNER, den EINSILBIGEN, den VOM-THEMA-ABKOMMENDEN, den DEM-THEMA-AUSWEICHENDEN, den SCHLAUMEIER, den STURKOPF sowie den JA-SAGER und den ewigen NEIN-SAGER. Ob im Einzelgespräch oder in einer Team-Besprechung, die Kommunikation mit dieser „Spezies" ist nicht immer leicht, aber möglich. Und um noch einmal kurz auf die verschiedenen Kommunikationsstile zurückzukommen: Man kann hier keine Zuordnung zwischen den verschiedenen Kommunikationsstilen und den nun folgenden Verhaltensweisen herstellen. Es leuchtet jedem ein, dass zum Beispiel ein Dauerredner grundsätzlich in *jedem* der im vorangegangenen Kapitel ausführlich vorgestellten Stile kommunizieren kann: Der Dauerredner im bedürftig-abhängigem Stil ist ebenso gut vorstellbar wie ein Dauerredner im sich beweisenden oder im helfenden Stil.

Der Dauerredner (auch Quasselstrippe)

Im Gespräch mit einem Dauerredner ergeben sich im Wesentlichen folgende Probleme: Da dieser Gesprächspartner ununterbrochen redet, kommen andere Personen kaum zu Wort. Zudem ist es aufgrund der Wortflut schwierig, den Überblick über das Gesprochene zu behalten, Wichtiges von Unwichtigem, Wesentliches von Unwesentlichem zu trennen. Wenn der Dauerredner am Ende seiner Schilderung angekommen ist, hat man häufig den Anfang schon wieder vergessen.

Oberstes Gebot im Gespräch mit dem Dauerredner ist es, ruhig zu bleiben, und zwar sowohl innerlich als auch äußerlich. Man sollte daher möglichst wenige Signale des Aktiven Zuhörens zeigen. Diese vermitteln zwar grundsätzlich, dass man dem Gesprächspartner zuhört, und werden daher als Teil der „guten Kommunikation" gewertet, ermuntern aber gleichzeitig den Dauerredner zum Weiterreden, da er sich verstanden und bestätigt fühlt.

Wichtig ist es auch, sich der Wirkung verschiedener FRAGEARTEN bewusst zu sein.

INFO

Fragearten

Es gibt zwei Fragearten, nämlich geschlossene und offene Fragen.
Geschlossene Fragen sind Fragen, die nur mit „Ja" oder „Nein" beantwortet werden können. Der Antwortspielraum ist also stark eingeschränkt und durch die Frage vorgegeben. Man erhält ein klares Ergebnis. Ein „Jein" ist eigentlich nicht zulässig.
Beispiel: „Treffen wir uns heute um 16 Uhr?"

Offene Fragen sind die sog. W-Fragen = Fragen, die mit „W" beginnen: Wie? Wo? Wer? Wann? Warum? Sie regen den Informations- und Redefluss an, weil sie dem Gesprächspartner eine breite Antwortmöglichkeit eröffnen.
Beispiel: „Wie wollen wir es heute Nachmittag machen mit unseren Treffen?"

Es lassen sich nun zwar viele weitere Fragearten finden, wie beispielsweise
- die problemorientierte Frage („Wann ist das Problem zum ersten Mal aufgetreten?")
- die lösungsorientierte Frage („Welche Möglichkeiten sehen Sie, das Problem zu lösen?")
- die Skala-Frage („Auf einer Skala von 1 bis 10, wie schwerwiegend ordnen Sie das Problem ein/für wie gut geeignet halten Sie diese Lösungsoption?")
- die Gute-Fee-Frage („Wenn Ihnen eine gute Fee drei Wünsche erfüllen würde, welche wären dies?")
- die Wunderfrage („Wenn jetzt ein Wunder geschähe, was würde dies bewirken?")

Wie die Beispielsätze erkennen lassen, sind dies durchgängig offene Fragen.

Einzig hervorzuheben ist noch die Alternativfrage als „Mittelding", bei der der Antwortspielraum breiter ist als bei der geschlossenen Frage, aber dadurch, dass zwei Antwortmöglichkeiten vorgegeben werden, enger als bei der offenen Frage:
Beispiel: „Treffen wir uns heute um 15 Uhr oder um 16 Uhr?"

Stellt man dem Dauerredner offene Fragen, gibt man ihm die breite Antwortmöglichkeit und eröffnet ihm eine „wunderbare Spielwiese" für einen kaum zu stoppenden Redefluss. Daher sollte man ihm bestenfalls geschlossene Fragen stellen. Da der Dauerredner in der Lage ist, auch eine geschlossene Frage mit vielen Worten zu beantworten (so als hätte man ihm eine offene Frage gestellt), sollte man ihn auf ein „Ich benötige jetzt nur ein klares Ja oder Nein von Ihnen" zurückführen. Um einen Dauerredner bereits von Anfang an im Zaum zu halten, kann man einen eindeutigen zeitlichen Rahmen setzen: „Guten Tag, ich habe jetzt allerdings nur fünf Minuten Zeit für Sie", oder den Umfang einer erwarteten Antwort beschränken: „Bitte geben Sie mir eine kurze Antwort in drei Sätzen." Dies vorausgesetzt, ist es auch leichter, den Dauerredner freundlich, aber bestimmt mit dem sachlichen

Hinweis auf den begrenzten Zeithorizont zu unterbrechen. Aber auch unabhängig von einer zeitlichen Begrenzung kann es erforderlich sein, einen Dauerredner zu unterbrechen, um wesentliche Aspekte des Gesagten festzuhalten, zusammenzufassen und so den sachlichen Inhalt zu strukturieren („Ich möchte Sie hier einmal unterbrechen, weil ich die beiden von Ihnen genannten Aspekte für wichtig halte. Dazu möchte ich gerne Folgendes ergänzen…"). Wenn es einem schwerfällt, den Gesprächspartner zu unterbrechen, sollte man zumindest in einer Atempause einhaken.

Hat man sich das Wort „erkämpft", sollte man den Namen des Gesprächspartners häufig verwenden, um zu zeigen, dass man „bei ihm" ist. Das beruhigt den Dauerredner bzw. sein Selbstwertgefühl. Da es dem Dauerredner häufig schwerfällt, nun seinerseits zuzuhören, ist es wichtig, klar, fest und deutlich zu bleiben. Man kann ggf. etwas schneller sprechen, sollte es aber vermeiden, selbst zum Dauerredner zu mutieren. Vielmehr muss man die Chance nutzen, die wesentlichen und wichtigen Aspekte kurz und knapp an den Mann oder die Frau zu bringen.

Der Dauerredner tendiert allerdings dazu, nun seinerseits das Gespräch zu unterbrechen. Hier empfiehlt es sich, dies nicht persönlich zu nehmen und ruhig zu bleiben. Mit dem freundlichen, aber bestimmten Hinweis, dass man seinen Gedankengang noch zu Ende bringen möchte, bevor der Gesprächspartner Gelegenheit bekommt, sich hierzu zu äußern, lässt sich die Unterbrechung abwenden, ohne dass einem die Gesprächsführung aus der Hand genommen wird.

Im Umgang mit dem Dauerredner sollte man suggestive Zurechtweisungen bzw. Fragen vermeiden. Sätze wie „Jetzt bin ich aber mal dran!", „Kann ich jetzt vielleicht auch mal was sagen?", „Darf ich Sie mal unterbrechen?" oder „Nun kommen Sie doch endlich mal zur Sache!", bringen das Gespräch inhaltlich nicht voran, sondern können zu einem Konflikt auf der Beziehungsebene führen.

Der Einsilbige (auch Schweigsame)

Probleme im Gespräch mit dem Einsilbigen sind zum einen die auftretenden Gesprächspausen, die häufig als unangenehm empfunden werden. Diese können zudem von beiden Gesprächspartnern fehlinterpretiert werden („Ist er/sie nur unkonzentriert oder hat kein Interesse an dem Thema?") und aufgrund des Schweigens zu Verunsicherung führen. Zum anderen besteht die Gefahr, dass wesentliche inhaltliche Aspekte unausgesprochen bleiben.

Im Umgang mit dem Einsilbigen lassen sich einige der bereits beim Dauerredner genannten Kommunikationstechniken mit umgekehrten Vorzeichen verwenden.

Die bei einem Dauerredner sparsam einzusetzenden Signale des Zuhörens sind in der Kommunikation mit dem Einsilbigen ein gutes Mittel, um diesen zum Sprechen zu motivieren. Kopfnicken, Blickkontakt, zugewandte Körperhaltung sowie Äußerungen, wie: „Tatsächlich …?!", „Mmh!", „Aha!" oder „Das ist ja interessant!", ermuntern ihn zu weiteren Ausführungen. Offene Fragen wie „Welche Erfahrungen haben Sie denn damit gemacht?" oder „Wie sehen Sie das?" erfordern eine ausführlichere Antwort des Gesprächspartners als die geschlossene Frage „Sehen Sie das auch so?", die mit einem knappen „Ja" oder „Nein" beantwortet werden kann. Um sich auf ein Gespräch mit einem einsilbigen Gesprächspartner vorzubereiten, empfiehlt es sich, bestimmte Fragen bereits vorzuformulieren.

INFO

Fragetechniken

Das „Konkretisieren" ist eine relativ einfache Fragetechnik, bei der man den Gesprächspartner lediglich dazu auffordert, das Gesagte genauer und konkreter zu beschreiben: „Erzählen Sie doch mal, wie war das genau?"

Mit „Zirkulären Fragen"[43] wie zum Beispiel: „Was würde der Kollege wohl an Ihrer Stelle darüber denken?", soll der Gesprächspartner angeregt werden, sich in seinen möglichen Problempartner hineinzuversetzen; er soll sozusagen eine Außenperspektive einnehmen. Diese Fragetechnik stammt aus dem sog. Systemischen Arbeiten. Die psychologische Richtung der Systemtheorie geht davon aus, dass die Probleme, die ein Einzelner hat, selten ausschließlich seine individuellen, persönlichen Probleme sind, sondern dass in der Regel das gesamte System (= Familie, Klasse, Mannschaft oder ein Team) mit seinen komplexen Beziehungen untereinander die Ursache für ein Problem darstellt.

Sog. Alternativfragen[44] sind immer dann angebracht, wenn man dazu anregen will, sich Gedanken über die Ursachen und die Begleitumstände einer problematischen Situation zu machen. Das geht relativ einfach, indem man die Frage stellt: „Ist dieses Verhalten die Regel oder eher die Ausnahme?" Häufig fallen bei der anschließenden Reflexion Änderungen im Verhalten oder im Ablauf auf und man kommt möglichen Ursachen dadurch auf die Spur.

Im Gespräch mit einem Einsilbigen treten vermehrt Gesprächspausen auf. Abhängig von der Persönlichkeit, der Situation und Gewohnheiten kann diese Pause kürzer oder länger sein, bevor das Schweigen unangenehm wird. Zu Verunsicherung führt eine Gesprächspause, wenn unklar ist, wie diese zu bewerten ist (zustimmend?

43 Tietze, S. 238.
44 Tietze, S. 237.

ablehnend? neutral?). Häufig tendiert man dazu, auftretende Gesprächspausen dadurch zu beenden, dass man selbst wieder das Wort ergreift. Eine mögliche Antwort auf Schweigen kann jedoch ebenfalls Schweigen sein. Das hat den Vorteil, dass die Verantwortung für die Weiterführung des Gesprächs bei dem schweigsamen Gesprächspartner bleibt und er sich nicht aus der Verantwortung „stehlen" kann.

Unter Umständen kann es für eine Führungskraft auch erforderlich werden, intensiver nach Ursachen für das zurückhaltende Gesprächsverhalten des Mitarbeiters zu suchen. Dazu bietet sich ein Gespräch mit dem Mitarbeiter beispielsweise über das „Gesprächsverhalten in Teambesprechungen" an. Vielleicht erfährt man so, dass der einsilbige Mitarbeiter einfach nur ein stiller und schüchterner Mensch ist, der im Prinzip keine Probleme mit seinem Verhalten hat und sich durchaus zu Wort melden würde, wenn es etwas Wichtiges zu sagen gibt. Denkbar ist jedoch auch, dass er sich gerne öfter einmischen würde, sich aber von einem aggressiven-abwertend kommunizierenden Dauerredner im Team gehemmt fühlt.

Der Vom-Thema-Abkommende

Ein solcher Gesprächspartner schweift immer wieder vom Thema ab. Dadurch wird zwar ein abwechslungsreiches, vielleicht interessantes, aber wenig strukturiertes und nicht lösungsorientiertes Gespräch geführt.

Deshalb muss ein Gesprächspartner, der immer wieder den roten Faden verliert, ständig zur Sache zurückgeführt werden: „Worüber wir heute vorrangig sprechen wollten, ist ...". Hierbei liegt die Betonung auf dem „wir" und dem „heute". Dies zeigt, dass in dem aktuellen Gespräch ein gemeinsames Ziel verfolgt wird. Wenn man es als Führungskraft für angemessen hält, kann man durchaus Interesse an den aufgeworfenen Themen und Fragestellungen äußern: „Das ist sehr interessant. Ich würde gerne demnächst nochmal darauf zurückkommen!" oder „Sprechen Sie mich doch auf diesen Punkt morgen noch einmal an!" oder „Lassen Sie uns zunächst unser eigentliches Gesprächsthema abschließend klären, bevor wir ...".

Bei häufigem Abschweifen vom Thema ist es wichtig, dem Gespräch wieder Struktur zu verleihen, indem das zentrale Anliegen nochmals benannt wird, bereits gefundene Ergebnisse zusammengefasst und noch offene Punkte in den Mittelpunkt gerückt werden. An den abweichenden Themen kann man unter Umständen auch überhaupt kein Interesse zeigen und mit keinem Wort darauf eingehen.

Oder man kann auch deutlich machen, dass die Abschweifungen nicht zielführend sind: „Ich glaube, das bringt uns im Moment nicht weiter", „Irgendwie sind wir

jetzt völlig vom Kurs abgekommen und haben unser zentrales Thema aus den Augen verloren."

Der Dem-Thema-Ausweichende (auch Drückeberger)

Problematisch in der Kommunikation mit dem Drückeberger ist seine mangelnde Eindeutigkeit. Ständig weicht er aus und ist dabei wenig klar und deutlich. Er redet „um den heißen Brei herum" und spricht häufig im Konjunktiv. Eine konkrete Antwort ist von ihm schwer zu bekommen. Der Drückeberger hat meistens Angst davor, sich festzulegen, eine Entscheidung zu treffen und damit auch die Konsequenzen zu tragen.

Im Gespräch mit ihm sollte die Führungskraft positive Aspekte seines Verhaltens wie konkrete Vorschläge, bereits gefundene Teillösungen oder Zwischenergebnisse besonders würdigen. Seien diese auch noch so klein, bieten sie jedenfalls eine Basis für das weitere Gespräch und einen Anknüpfungspunkt für gezielte Rückfragen, um diesen Gesprächspartner an das Wesentliche heranzuführen. Positives Feedback seitens des Vorgesetzten fördert das Selbstbewusstsein eines solchen Mitarbeiters. Eine Führungskraft, die sich selbst lösungsorientiert und entscheidungsfreudig zeigt, ebnet den Weg, „Ausweichtendenzen" zu verringern. Zudem benötigt dieser Mitarbeiter ein sicheres und stabiles Umfeld. Steht die Führungskraft hinter ihrem Mitarbeiter und trägt getroffene Entscheidungen mit, erleichtert ihm dies sich festzulegen. Wenn sich der Drückeberger einmal festgelegt hat, indem er beispielsweise eine definitive Aussage gemacht oder eine Lösungsoption gewählt und damit entschieden hat, sollte man dies festhalten und anerkennen. Ein Kardinalfehler wäre es, nun selbst weiter über diesen abgeschlossenen Aspekt zu diskutieren oder zu einem späteren Zeitpunkt „das Fass erneut aufzumachen".

Da der Drückeberger selbst gerne erneut das Gespräch über ein bereits abgeschlossenes Thema sucht, weil er noch nicht eindeutig entschieden war oder die Konsequenzen fürchtet, bietet es sich an, nach dem Gespräch ein Protokoll oder eine kurze Gesprächsnotiz, beispielsweise in einer E-Mail, zu verfassen, um insbesondere die getroffene Entscheidung bzw. das gefundene Ergebnis schriftlich zu fixieren. So lässt sich ein erneutes langwieriges Gespräch vermeiden.

Der Schlaumeier (oder Besserwisser)

Dieser Gesprächspartner weiß immer alles besser und ist einfach schlauer als andere – oder tut zumindest so. Dies hat nicht nur Auswirkungen auf die eigene Person des Schlaumeiers, sondern auch auf andere Gesprächspartner, die sich zurückgesetzt fühlen können. Je nach Persönlichkeit der übrigen Mitarbeiter droht ein Rückzug in das eigene „Schneckenhaus" und damit der Verlust wichtiger Informationen, Argumente, Lösungsvorschläge, schlichtweg anderer Gedankengänge. Diese lässt der Schlaumeier neben seinen eigenen nämlich nicht gelten, er gibt ihnen keinen Raum, weil er es „ja eh besser weiß".

Manchmal fehlt es dem zur Schau gestellten Wissen allerdings an einer tragfähigen Basis, die der Schlaumeier durch sein Selbstbewusstsein ausgleicht. Es besteht die Gefahr, dass dies unentdeckt bleibt, wenn man sich im Gespräch entnervt zurückzieht. Eine gute Vorbereitung auf das Gespräch mit dem Schlaumeier reduziert dieses Risiko. Konkretisierende Fragen sind ein gutes Mittel, um den Gehalt der Aussagen zu testen: „Können Sie das bitte genauer erläutern?", „Gibt es einen (wissenschaftlichen) Beweis für diese Behauptung?" Allerdings sollte man nicht „nachtreten" und den Schlaumeier vorführen und beschämen, indem man ihm mangelndes Wissen vorwirft und evtl. nachzuweisen versucht.

Ist der Schlaumeier dagegen wirklich so schlau, wie er tut, ist er ein Glücksfall für jedes Team. Sein Wissen muss nur auf eine Art und Weise nutzbar gemacht werden, die andere Gesprächsteilnehmer nicht verprellt (Stichwort „Schneckenhaus"). Es gilt zu betonen, dass auch die Beiträge anderer Gesprächsteilnehmer (einschließlich des eigenen Beitrags) wichtig sind und ihre Berechtigung haben. Man selbst sollte sich also nicht scheuen, eigenes Wissen einzubringen, beispielsweise durch ein „Ich möchte ihre Aussage an dieser Stelle noch einmal ergänzen". Als Führungskraft hat man in diesem Fall auch insofern die Gesprächsleitung inne, als andere Gesprächsteilnehmer direkt angesprochen und zu ihrem Beitrag aufgefordert werden sollten: „Herr X, wie würden Sie bitte aus ihrer Sicht den von Frau Z gerade erklärten Aspekt bewerten?" oder „Herr Y, als Spezialist in unserem Hause für …, wie sehen Sie das?"

Der Sturkopf

Der Sturkopf als Gesprächspartner ist eine „harte Nuss". Er verharrt auf seinem Standpunkt und bleibt unbelehrbar und uneinsichtig. An ihm scheint alles abzuprallen. Seine eigenen Argumente wiederholt er entweder kontinuierlich oder er konstruiert immer wieder neue Argumente, um seine Ablehnung zu begründen. Anderen Personen, deren Gedankengängen, Argumenten und Meinungen, lässt er keinen Raum. Er scheint Äußerungen von anderen zu überhören. Das Gespräch stagniert. Es besteht die Gefahr eines Gesprächsabbruchs, da irgendwann alles gesagt ist. Oder die Führungskraft sieht sich zum Einsatz eines Machtworts genötigt. Ist man aber auf die Kooperation eines Sturkopfes angewiesen, ist eine zwangsweise Durchsetzung auch nicht zielführend, da ihr Erfolg nur von kurzer Dauer sein wird.

Oberstes Gebot im Gespräch mit dem Sturkopf ist es – wie bei dem Dauerredner – ruhig zu bleiben. Ist man sich seiner eigenen Argumente sicher, sollte man nicht anfangen, immer wieder neue Argumente zu suchen, weil die alten scheinbar wirkungslos sind, sondern besser auf wenige, aber starke Argumente verweisen. Eine erfolgreiche Technik ist die „Kaputte Schallplatte", bei der ein wichtiges Argument einfach nur wiederholt wird, bis der Gesprächspartner aufgibt. Drohstrategien, zwangsweise Durchsetzung des eigenen Standpunkts sind ebenso wenig zu empfehlen wie Überreden oder Bitten und Betteln; dadurch wertet man sich selbst bloß ab.

Anzuraten ist es vielmehr, nach den Gründen für das Beharren des Sturkopfes auf seinem Standpunkt zu suchen. Ursachenforschung durch gezielte Rückfragen kann das Gespräch näher zur Lösung bringen. „Herr X, halten Sie die vorgeschlagene Methode für nicht geeignet oder ist die veranschlagte Zeit zu knapp bemessen/haben wir nicht die personellen oder sachlichen Mittel?" Insbesondere die ALTERNATIVFRAGE ist hier ein gutes Mittel, um als Fragender durch Vorgabe der Alternativen das Gespräch in die gewünschte Richtung zu steuern.

Vielleicht hat der Sturkopf auch nur das Gefühl, dass sein Standpunkt noch nicht richtig gewürdigt bzw. verstanden wurde. Durch gezieltes Zusammenfassen der Argumente und die Rückfrage, ob dies die wesentlichen Punkte seien, lässt sich ein entsprechendes gegenteiliges Signal setzen. Daran anschließend kann das gemeinsame Ziel herausgestellt werden: „Ihren Standpunkt, Frau Z, habe ich nun verstanden. Jetzt wollen wir versuchen, eine gemeinsame Lösung zu finden."

Die Kooperationsbereitschaft des Sturkopfes lässt sich mit einer Frage wie „Aus meiner Sicht kommen wir nicht wirklich vorwärts. Sehen Sie eine Einigungsmöglichkeit?" testen. Mangelt es hingegen vollständig an Kooperationsbereitschaft, handelt es sich vielleicht eher um einen echten Nein-Sager (siehe unten).

Der Ja-Sager

Auf den ersten Blick erscheint das Gespräch mit dem Ja-Sager unproblematisch. Denn dieser findet prinzipiell alles Gesagte gut. Er redet allen nach dem Mund und unterstützt damit den Standpunkt seines Gegenübers. Im Gespräch mit dem Ja-Sager fühlt man sich gut, weil die eigene Sichtweise bestätigt wird. Das Problem ist allerdings, dass die Sichtweise des Gesprächspartners sowie seine Argumente unausgesprochen bleiben. Wertvolle Gedanken und Ideen werden nicht nutzbar gemacht.

In der Gesprächsvorber eitung kann man sich insofern auf den Ja-Sager einstellen, als man den Gesprächsablauf auf ihn abstimmt, indem man zunächst ihm das Wort erteilt: „Ich habe mir den Gesprächsablauf folgendermaßen vorgestellt: Zunächst möchte ich gerne Ihre Sicht der Dinge erfahren, bevor ich Ihnen meine darstelle." Dann kann der Ja-Sager keinem anderen „nach dem Mund reden", sondern muss selbst „Farbe bekennen".

Der Nein-Sager

Als Gesprächspartner ist der Nein-Sager sehr unangenehm, da er aus Prinzip in die Opposition geht. Er „zerpflückt" das Gesagte, findet Nachteile oder Kritikpunkte an eingebrachten Lösungsvorschlägen. Oder er ist schlichtweg „dagegen", ohne sich über seine Beweggründe näher auszulassen. Im Unterschied zum Sturkopf, der auf seiner eigenen Position beharrt, lehnt der Nein-Sager also einfach alles ab. Zurechtweisungen oder Herabsetzungen, wie „Nun stellen Sie sich mal nicht so an! Sie sind wohl aus Prinzip gegen alles, was ich sage?!" oder „Sie sind wohl eine kleine Opposition?", sind nicht zielführend im Gespräch mit dem Nein-Sager. Negiert eine Person alles, was man sagt, ohne sich sachlich-inhaltlich damit auseinanderzusetzen, liegt die Vermutung nahe, dass zwischen den Gesprächspartnern eine ernsthafte Störung auf der Beziehungsebene vorliegt. Es geht nicht darum, sachlich über ein Thema zu sprechen, sondern persönlich dem anderen zu widersprechen. Insbesondere der Einsatz von KILLERPHRASEN ist ein deutliches Indiz für eine derartige Störung, da Killerphrasen zumeist ein Beziehungsangriff sind.

INFO

Killerphrasen

Killerphrasen sind Sätze wie „Das geht sowieso nicht!", „In der Theorie ist das ja ganz schön, aber in der Praxis?", „Das haben wir noch nie (alternativ: schon immer) so gemacht!", „Das haben wir alles schon probiert", „Das macht der Betriebsrat eh nicht mit".
Eine Killerphrase hat das Ziel, ein Gespräch zu „töten". Denn wenn die getroffene Aussage sachlich richtig ist, ist das Gespräch sofort beendet. Um bei dem ersten Beispiel „Das geht sowieso nicht!" zu bleiben – wenn etwas „nicht geht", ist es nicht machbar. Also kann an diesem Punkt das Gespräch beendet werden. Allerdings sendet derjenige, der eine Killerphrase ausspricht, in den seltensten Fällen auf der Sachebene. In den überwiegenden Fällen ist eine Killerphrase ein Angriff auf der Beziehungsebene. Der Sprecher versucht, sein Gegenüber „mundtot" zu machen, indem er ihn persönlich angreift und ihm – wie die obigen Beispiele zeigen – beispielsweise fachliche Kompetenz, Erfahrung, Urteilsvermögen o. Ä. abspricht. Dies zeigt besonders anschaulich das zweite Beispiel „In der Theorie ist das ja ganz

schön, aber in der Praxis?" Hier wird in aller Regel dem Gegenüber die praktische Erfahrung abgesprochen. Dieser wird als „trotteliger Theoretiker" oder „weltfremder Idealist" bloßgestellt, dem jedes Urteilsvermögen fehlt und dessen Vorschläge nicht durchführbar sind.

Gegenstrategien/Tipps: Durch die Verwendung der oben beschriebenen Fragetechniken kann man die wenigen Fälle isolieren, in denen tatsächlich ein Lösungsvorschlag „nicht geht" oder „nur in der Theorie, aber nicht in der Praxis funktioniert", also nicht umsetzbar ist. Um dies herauszufinden, sollte man eine (oder mehrere) konkretisierende Frage(n) stellen wie „Was genau geht nicht?", „Warum geht das nicht?", „Welche Erfahrungen haben Sie damit in der Praxis gemacht?", „Woran mangelt es dem theoretischen Ansatz für eine praktische Umsetzung?", „Was genau wurde bislang versucht und mit welchem Ergebnis?", „Was müssen wir tun, damit der Betriebsrat mitmacht?"

Ist die Antwort nun nur ausweichend und ohne Substanz, entlarvt sich der Sprecher eindeutig mit seinem Angriff auf die Person (Achtung: Nun nicht verbal „nachtreten!"). Steckt hinter der Killerphrase dagegen eine sachliche Botschaft – wie in den genannten Fällen beispielsweise tatsächlich die mangelnde Durchführbarkeit – besteht nun die Gelegenheit, sachliche Gründe vorzubringen und diese zu diskutieren.

Generell gilt im Gespräch mit dem Nein-Sager: Nicht verunsichern lassen, nicht aufgeben oder sich zurückziehen, sondern nach Gründen für die Ablehnung suchen! Da der Nein-Sager häufig in Personalunion mit dem Sturkopf auftritt, sei insofern auf die bereits oben aufgeführten Maßnahmen verwiesen. In der Nein-Sager-Sturkopf-Kombination als Gesprächspartner müssen die eigenen Argumente *besonders* wohl durchdacht und tragfähig sein, um den Angriffen zu widerstehen. Bewusst sein sollte man sich, dass im Gespräch mit dem Nein-Sager ein hohes Konfliktpotenzial besteht. Denn das ständige Meckern und Nörgeln kann auch ein Hinweis darauf sein, dass zwischen den Gesprächspartnern ein grundsätzlicher Konflikt besteht. Jedes Gespräch wird nun zum Anlass genommen, den Konflikt weiter zu schüren. Besteht dieser Verdacht, sollte man als Führungskraft außerhalb des aktuellen Gesprächs ein Konfliktgespräch mit dem Nein-Sager suchen.

Motivationsfaktoren und ihre Wirkung

Am Anfang dieses Buches wurde eine Frage gestellt, die entscheidend für die Herangehensweise einer Führungskraft an einen „schwierigen" Mitarbeiter ist: KANN oder WILL der schwierige Mitarbeiter sich nicht so verhalten, wie es von ihm erwartet wird? Wenn man erkennt oder vermutet, dass es eine Frage des „Nicht-Wollens" ist, muss man gleichzeitig die Frage nach der MOTIVATION dieses Mitarbeiters stellen.

Jeder Mensch braucht einen Antrieb, um sich in Bewegung zu setzen und aktiv zu werden. Dieser Antrieb, dieser Motor, ist bei einem schwierigen Mitarbeiter, der zwar alle Voraussetzungen mitbringt, um die geforderten Aufgaben erfüllen zu können, das aber nicht will, offensichtlich nicht vorhanden. Die Beweggründe (lat. movere = sich bewegen), die einen Menschen zu Handlungen antreiben, sind vielfältig. Es gibt umfangreiche Studien dazu. Die sogenannte „INTRINSISCHE" Motivation kommt von innen, die „EXTRINSISCHE" Motivation bezeichnet die Anreize, die von außen herangetragen werden. Den Unterschied kennt jeder aus seiner Schulzeit: Es gab Fächer, in denen man gute Noten hatte, weil einen das Wissensgebiet interessiert und Spaß gemacht hat. Dann gab es Fächer, in denen man gute Noten hatte, weil man der netten Lehrerin gefallen wollte oder die Eltern eine Belohnung versprochen hatten.

Jeder, der eine Pflegeausbildung gemacht hat, kennt die „Maslowsche Bedürfnispyramide". *Abraham Maslow*, ein US-amerikanischer Psychologe, geht genau wie andere Vertreter der humanistischen Psychologie von einem sehr optimistischen Menschenbild aus, demzufolge jeder Mensch von innen heraus das Bestreben nach einer positiven Weiterentwicklung, Selbstverwirklichung genannt, mitbringt. „Selbstverwirklichung ist ein konstantes Streben nach der [...] vollständige(n) Entwicklung der eigenen Möglichkeiten und Talente."[45]

45 Gerrig/Zimbardo, S. 522.

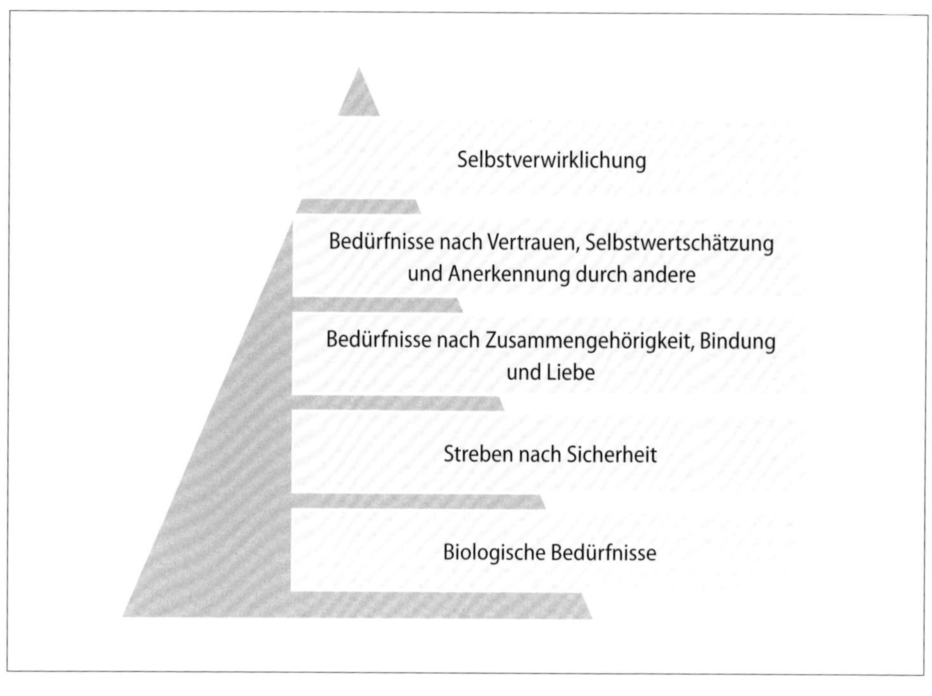

Abb. 3 : Bedürfnispyramide nach Maslow

INFO

Bedürfnispyramide nach *Maslow*

Maslow entwickelte eine Hierarchie von Bedürfnissen, durch die ein Mensch zu Handlungen motiviert wird. Diese ordnete er als Pyramide an. Die breite Basis bilden die biologischen Bedürfnisse wie zum Beispiel Hunger, Durst, Schlaf, Sexualität. Erst wenn diese Grundbedürfnisse erfüllt seien, nahm Maslow an, komme das Streben nach Sicherheit als nächste Stufe, danach dann Bedürfnisse nach Zusammengehörigkeit, Bindung und Liebe. Auf der nächsthöheren Stufe stehen die Bedürfnisse nach Vertrauen, Selbstwertschätzung und Anerkennung durch andere. Und ganz oben an der Spitze der Pyramide findet sich die Selbstverwirklichung, also das Bedürfnis, sinnvolle Ziele im Leben zu haben und das eigene Potenzial voll ausschöpfen zu können.[46]

46 Gerrig/Zimbardo, S. 421.

Rahmenbedingungen und Motivationsfaktoren

Es gibt verschiedene Modelle und Konzepte, um Motivation zu erklären und herauszufinden, wie man individuelle Motivationsfaktoren erkennen kann. Ein recht bekanntes Konzept ist das „Reiss-Profile"[47], entwickelt von *Steven Reiss*, einem amerikanischen Psychologieprofessor. Nach ihm gibt es 16 Lebensmotive, die einen Menschen antreiben und die man in einem von ihm entwickelten Test erkennen und zur persönlichen Weiterentwicklung nutzen kann. Der Test wird mittlerweile in vielen Bereichen der Wirtschaft, im Leistungssport und in verschiedenen Ausbildungsgängen angewendet. Von mehreren Seiten wird dieses Konzept jedoch als wenig hilfreich und nicht wissenschaftlich kritisiert.[48]

Eine der bekanntesten Theorien zur Arbeitsmotivation insbesondere zu der Frage, wie man Zufriedenheit im Beruf gewinnen kann, stammt von *Frederick Herzberg*, einem amerikanischen Professor für Arbeitswissenschaft.

INFO

Das Zwei-Faktoren-Modell der Motivation

Durch breit angelegte Studien in der Arbeitswelt entwickelte *Herzberg* auf der Basis umfangreicher Befragungen von Arbeitnehmern seine „Motivator-Hygiene-Theorie"[49]. Er hat herausgefunden, dass es verschiedene Umstände gibt, die zur Zufriedenheit oder Unzufriedenheit mit der Arbeit führen: die „Hygienefaktoren" und die „Motivatoren".

Die wichtigsten Hygienefaktoren – man könnte sie besser „Rahmenbedingungen" nennen – sind: ein angemessenes Gehalt, vorschriftsgemäße Arbeitsbedingungen und das Arbeitsklima. Sind diese Faktoren in einem befriedigenden Ausmaß vorhanden, werden sie zwar nicht immer bemerkt, weil sie für selbstverständlich gehalten werden; sie führen nicht automatisch zur Zufriedenheit. Fehlen sie allerdings, führt das immer zu großer Unzufriedenheit.

Die Motivatoren – oder Motivationsfaktoren – hängen laut *Herzberg* mit dem eigentlichen Inhalt der Arbeit zusammen: persönliche und fachliche Anerkennung, Wertschätzung, Sinnhaftigkeit der Arbeit, Verantwortung, Aufstiegsmöglichkeiten und Leistung. Diese Faktoren führen zu einer höheren Zufriedenheit bei den Mitarbeitern, wobei die Rangfolge jeweils individuell verschieden ist.

47 www.reissprofile.eu/lebensmotive.

48 Pelz, Reiss Profile; Schwertfeger, Gesucht: Der perfekte Kollege, Zeit Online vom 21. Juni 2012.

49 http://de.wikipedia.org/wiki/Zwei-Faktoren-Theorie_(Herzberg).

Durch die Kombination von Rahmenbedingungen und Motivationsfaktoren sind vier mögliche Situationen vorstellbar:

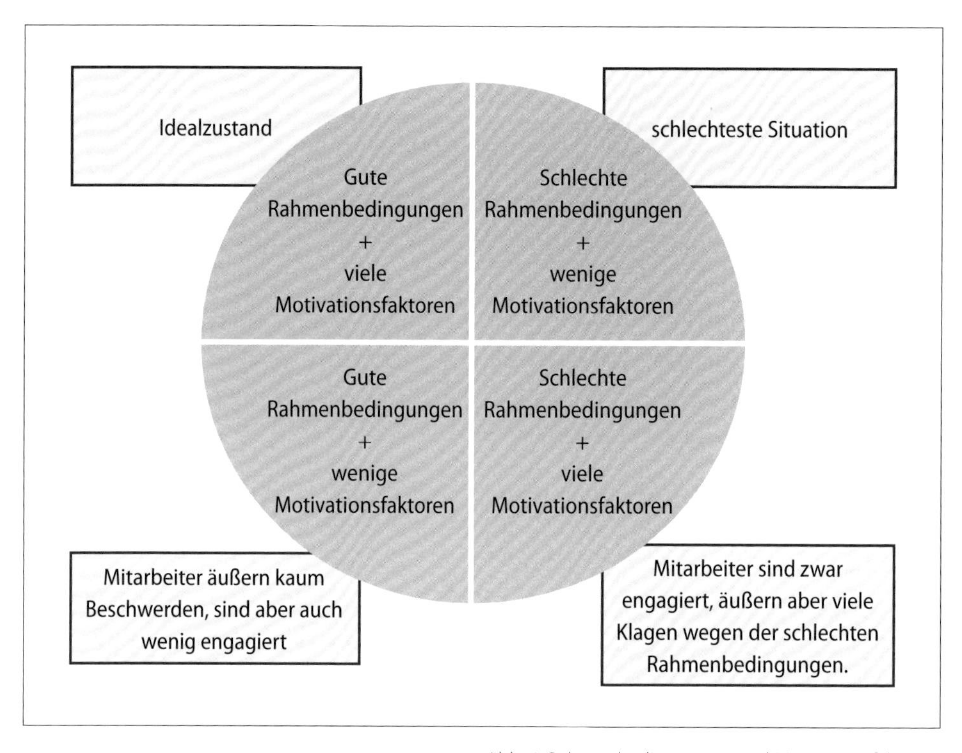

Abb. 4: Rahmenbedingungen und Motivationsfaktoren

Auf die Rahmenbedingungen im oben genannten Sinn haben die Einrichtungs- und Pflegedienstleitungen in der Regel nur wenig Einfluss. Erst wenn man sich in einer entsprechenden Position befindet, kann man bestimmte Bedingungen ändern. Hier sind in der Regel die „höheren Etagen" einer Einrichtung, Verbandsvertreter oder auch der Gesetzgeber gefordert.

Anders sieht es bei den eigentlichen Motivationsfaktoren aus: persönliche und fachliche Anerkennung, Wertschätzung, Sinnhaftigkeit der Arbeit, Verantwortung, Aufstiegsmöglichkeiten und Leistung. Sie liegen nicht nur, aber auch im Verantwortungsbereich der jeweiligen direkten Vorgesetzten. Mit welchen Motivationsfaktoren sich der einzelne Mitarbeiter gut ansprechen lässt, muss am besten in einem Mitarbeitergespräch bzw. Motivationsgespräch jeweils individuell besprochen und geklärt werden.

Auch heute noch verdient nachfolgendes Zitat aus der „Pflegezeitschrift" von 1/2001 uneingeschränkte Zustimmung: „Bevor Motivation überhaupt möglich ist, müssen die Rahmenbedingungen so gestaltet werden, dass sie gleichzeitig den Zielen der Einrichtung und den Bedürfnissen der Mitarbeiter dienen".[50]

Mitarbeiter motivieren

In „Interviews mit Altenpflegerinnen und Altenpflegern"[51] in den Jahren 2007 bis 2011 gab es auf die Frage: „Welche Faktoren führen zu einer langandauernden Zufriedenheit im Altenpflegeberuf?" am häufigsten folgende Antworten: Die hohe Sinnhaftigkeit des Berufs und ein gut funktionierendes Team. Außerdem genannt wurden: Mitbestimmung beim Dienstplan, offene, rücksichtsvolle Kommunikation mit Kollegen und Vorgesetzten, sowie das Gefühl, bei der täglichen Arbeit etwas bewirken zu können. Zufriedene und engagierte Vorgesetzte, die ihre Mitarbeiter wertschätzen und sie in schwierigen Situationen motivieren können, sind ebenfalls wichtig für eine langandauernde Zufriedenheit im Beruf.

Die Antworten aus den Interviews decken sich mit den Ergebnissen von weltweit durchgeführten Studien[52], die der Frage nachgegangen sind, was Mitarbeiter zufrieden und engagiert arbeiten lässt. Eindeutig auf den vordersten beiden Plätzen in allen teilnehmenden Ländern standen: Respekt, der den Mitarbeitern vom Arbeitgeber entgegengebracht wird, und die Möglichkeit, eine befriedigende Balance zwischen der Arbeit und den anderen Lebensbereichen wie Familie, gesellschaftlichem Engagement, Hobbies und Freizeit herstellen zu können. Ebenfalls ganz weit vorne rangierte die „Art der Arbeit", womit die Sinnhaftigkeit der Arbeit gemeint ist.

Die Arbeit im Altenhilfebereich ist also eigentlich ideal, um die genannten Forderungen zu erfüllen. Das ist bei allen helfenden Berufen ähnlich. Es sind eher die Rahmenbedingungen, die viele Pflegekräfte heute unzufrieden machen. Wer erlebt hat, wie Altenpfleger versuchen, in einer völlig unterbesetzten Schicht den Spagat hinzukriegen zwischen den vielen existenziellen Bedürfnissen ihrer Bewohner, und verzweifelt versuchen, allen gerecht zu werden, der wundert sich nicht mehr über hohe Fluktuation und frühen Berufsaustritt in diesem Arbeitsfeld. (O-Ton eines Altenpflegers, der erst 20 Minuten nach dem Klingeln im Zimmer der 90-jährigen Bewohnerin erschien, um sie zur Toilette zu begleiten: „Ach, Frau Zimmermann, es tut mir echt leid, aber wir sind doch hier in einem Altenheim, da ist es doch nicht schlimm, wenn mal was in die Vorlage geht." Wohlgemerkt: Die alte Dame war weder inkontinent noch demenziell erkrankt.)

50 Spenner-Schlupeck, Pflegezeitschrift 1/2001, S. 37.
51 Beckmann, unveröffentlichtes Manuskript, 2011.
52 Mercer, What's Working-Studie 2009.

In ihrem Buch „Pflegekräfte pflegen" hat sich die Autorin Dr. *Eva Douma*, Juristin und Unternehmensberaterin, intensiv mit der Frage beschäftigt, wodurch Pflegekräfte für ihre Arbeit motiviert werden können. Es ist erwiesen, dass mittlere Leistungsanforderungen die Motivation erhalten und fördern: „Wer also gute Arbeit auf einem mittleren Niveau anstrebt, sollte die Quellen der Unzufriedenheit beseitigen."[53] Wo die Ursachen für diese Unzufriedenheit in der einzelnen Einrichtung liegen, kann nur jeweils individuell ermittelt werden. Meistens wissen die Verantwortlichen selbst ziemlich genau, wo der berühmte „Hase im Pfeffer" liegt. Sollte das nicht der Fall sein, kann man mit einem einfachen Fragebogen herausbekommen, wo die eigenen Mitarbeiter der Schuh drückt. (Es gibt allerdings auch Unternehmen, in denen die Ergebnisse einer solchen Mitarbeiterbefragung in einer Schublade verschwanden und nie wieder auftauchten, weil das Ergebnis den Verantwortlichen nicht passte.)

Für die allgemeine Arbeitszufriedenheit sind die Betriebsorganisation und eine reibungslose Gestaltung der Arbeitsabläufe besonders wichtig. Vor allen Dingen flexible individuelle Arbeitszeiten, die an die Bedürfnisse der Mitarbeiter angepasst sind, werden gewünscht. Eine gute Ausstattung – vor allem mit Hilfsmitteln – sollte selbstverständlich sein, erfordert jedoch kein extrem hohes Niveau. Aber: Ein freundlicher Aufenthaltsraum motiviert erfahrungsgemäß ungemein.

Erwartet man hingegen überdurchschnittliche Leistungen, muss man sich darüber im Klaren sein, dass die Motivation hierfür auf einer persönlichen Ebene liegt. Die individuelle Entwicklung von Kompetenzen der Mitarbeiter und das Verhalten der Vorgesetzten spielen hierfür eine entscheidende Rolle. Materielle Anreize funktionieren zwar auch, werden in ihrer Wirksamkeit aber häufig überschätzt.

53 Douma, S. 26.

Der Mitarbeiter im Team

Phasen der Teamentwicklung verstehen

Altenpflege ist immer Teamarbeit, gleich ob im stationären oder ambulanten Bereich. Um das Verhalten schwieriger Mitarbeiter besser verstehen und einordnen zu können, sind deshalb Kenntnisse über die Entstehung und mögliche Weiterentwicklung der verschiedenen Phasen, die ein Team grundsätzlich durchläuft, und die Phase, in der es sich gerade befindet, unverzichtbar. Dieses Wissen ist außerdem hilfreich, um neue Mitarbeiter besser in ein vorhandenes Team integrieren zu können (s. Kapitel „Schwierigkeiten vorbeugen").

Man unterscheidet grundsätzlich zwischen TEAMBILDUNG (= Aufbau eines neuen Teams und Integration neuer Mitarbeiter) und TEAMENTWICKLUNG (= Wir-Gefühl fördern und Kommunikationskultur verbessern). Im Altenpflegebereich ist es eher selten, dass ein Team komplett neu zusammengesetzt wird, aber denkbar beispielsweise bei Neugründung eines Altenheims oder eines ambulanten Pflegedienstes. Sehr häufig in der Praxis ist die folgende in ihrer Bedeutung nicht zu unterschätzende Situation: Ein neuer Mitarbeiter kommt ins Team und das bedeutet, dass sämtliche Merkmale der Anfangsphase einer Gruppenbildung neu durchlaufen werden – sowohl von dem „Neuen" selbst als auch von den „alten Hasen". Vom Vorgesetzten sind dann jedes Mal die den einzelnen Phasen zugeordneten Führungsaufgaben *erneut* zu beachten.

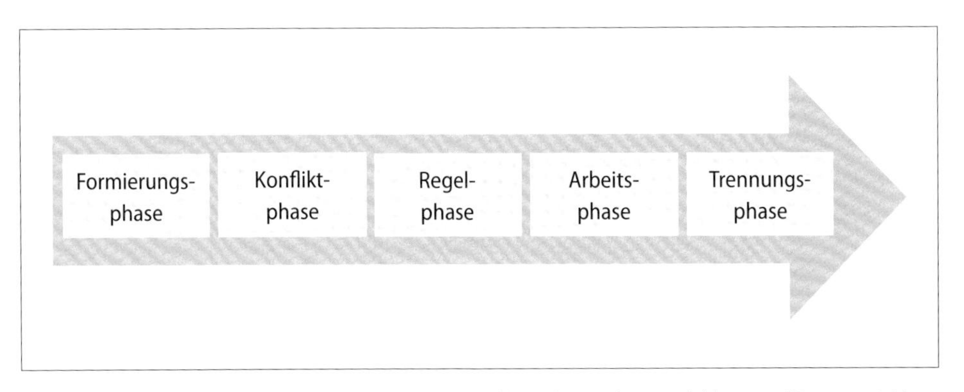

Abb. 5: Phasen der Teambildung und Teamentwicklung

INFO

Phasen der Teambildung und Teamentwicklung

1. Formierungsphase

Welche Merkmale kennzeichnen diese Phase? → Kennenlernen; höfliches, vorsichtiges Abtasten; Kontakt finden; Streben nach Sicherheit, aber auch innere Zweifel; geringe Übernahme von Verantwortung durch die Teammitglieder.

Welche Ziele haben die Beteiligten in dieser Phase? → Sich wohlfühlen; anerkannt werden; Verbindlichkeit klären: Wieviel und was will ich von mir zeigen und einbringen?

Welche Aufgaben hat die Führungskraft in dieser Phase? → Schaffung klarer Strukturen; Achtsamkeit; Grenzen abstecken; berechenbar sein; Entscheidungstransparenz herstellen: Wer gehört warum zum Team?

Kurz und knapp:

Gegenseitiges Kennenlernen	Platz suchen und finden
Äußere Grenzen abklären	Wahrung von Distanz
Nett zueinander sein	Harmonie
Achtsamkeit	Gesehen werden
Wichtig sein	Verpflichtungen abklären
Noch keine festen Bindungen	Unsicherheit der Teammitglieder

„Menschen wollen etwas Besonderes sein und sich gleichzeitig einer Gemeinschaft zugehörig fühlen.“[54]

2. Konfliktphase

Welche Merkmale kennzeichnen diese Phase? → Selbstdarstellung der einzelnen; Kampf um die informelle Führung; offene und unterschwellige Konflikte; Cliquenbildung.

Welche Ziele haben die Beteiligten in dieser Phase? → Arbeitsauftrag klären; Verantwortung aufteilen; Macht klären; richtiges Maß finden.

Welche Aufgaben hat die Führungskraft in dieser Phase? → Klärung der Verantwortungsbereiche; realistische Einschätzung der Kompetenzen der einzelnen Teammitglieder; konstruktive Konfrontation und Konfliktlösung; keine Anklagen und Schuldzuweisungen zulassen; sich in seiner Autorität hinterfragen lassen, wenn es angebracht erscheint; vernetzte Sichtweise fördern.

Kurz und knapp:

Innere Grenzen des Teams abklären	Kompetenz
Konkurrenz	Anerkennung
Leistung	Eigene Ideen und Fertigkeiten einbringen
Eigene Position finden	Normen und Werte
Konfrontation	Kontrolle
Regeln des Umgangs abklären	Kritik an der Leitung
Einflussnahme der Einzelnen klären	

„Wenn sich die Fraktionen bekämpfen, neutralisieren sich die Ressourcen und die Effizienz ist minimal.“[55]

54 Bender, S. 36.
55 Bender, S. 46.

3. Regelphase
Welche Merkmale kennzeichnen diese Phase? → Entwicklung und Anerkennung von Regeln und Gruppenstandards; Einigung auf Umgangsformen; Feedback und Austausch; intensive Beteiligung an Sachthemen und Teamleben; Entstehung eines „Wir–Gefühls".
Welche Ziele haben die Beteiligten in dieser Phase? → Leistungsfähigkeit und Zufriedenheit.
Welche Aufgaben hat die Führungskraft in dieser Phase? → Koordination der Aufgaben und Personen; Herstellung einer vertrauensvollen Atmosphäre; Vorbild sein für Respekt und Toleranz; konstruktive Konfliktlösung gewährleisten.

Kurz und knapp:

Mut	Empathie
Respekt	Vertrauen
Emotionalität	Zusammenhalt
Differenzierung in den Beziehungen	Schutz
Identifikation mit dem Team	Wir-Gefühl

4. Arbeitsphase
Welche Merkmale kennzeichnen diese Phase? → Arbeitsorientierung; Flexibilität; Offenheit; Solidarität, Leistungsausrichtung; stabiles „Wir–Gefühl".
Welche Ziele haben die Beteiligten in dieser Phase? → Möglichst effiziente Aufgabenerledigung; Erhaltung und Pflege der Balance im Team.
Welche Aufgaben hat die Führungskraft in dieser Phase? → Vorgabe der Hauptziele; Rahmen schaffen; für Loyalität sorgen; Achtsamkeit.

Kurz und knapp:
Aufmerksam bleiben
Ziele nicht aus den Augen verlieren
Offen sein

5. Trennungsphase
Welche Merkmale kennzeichnen diese Phase? → Auflösung des Teams; ein oder mehrere Mitarbeiter verlassen das Team.
Welche Aufgaben hat die Führungskraft in dieser Phase? → Feedback über Zusammenarbeit; Reflexion ermöglichen; Struktur geben; Einarbeitung eines neuen Teammitglieds gewährleisten.

Kurz und knapp:

Abschied nehmen	Loslassen
Akzeptanz von Begrenztheit	Trauer
Perspektive	Ritual
Wut	Erleichterung
Stolz	Dank
Reflexion	

„Eine hohe Fluktuation führt zu ständigem Wechsel zwischen Phase 1 und 5, d. h. das Team kommt nie bis in die produktiven Phasen."[56]

56 Bender, S. 63.

Bedenken sollte man auch folgende Tatsache: Wenn ein schwieriger Mitarbeiter sich durch geeignete Interventionsmaßnahmen geändert hat, kann es einem Team so ergehen wie einem Mobile, bei dem ein Teil bewegt wird: Es gerät in die Schieflage, weil die Kräfte sich verschoben haben. Es ist daher immer die Aufgabe der Führungskraft, die Balance im gesamten Team wiederherzustellen und zu gewährleisten.

Verschiedene soziale Rollen im Team

Weiterhin kann es hilfreich sein, sich auch mit der sozialen Rolle, die ein Mitarbeiter in einem Team innehaben kann, zu befassen. Es gibt dazu einen aufschlussreichen Test im Internet, den sog. Belbin-Test. Hier stehen als Ergebnis am Ende des Tests drei verschiedene Teamtypen zur Disposition: die eher Handlungsorientierten, die Sachorientierten und die Kommunikationsorientierten.

INFO

Test Teamarbeit[57]

Anhand von sieben Fragen und jeweils neun verschiedenen Antwortmöglichkeiten kann jedes Teammitglied für sich ermitteln, zu welchem Teamtyp er/sie gehört. Es werden bei den Ergebnissen die zuvor genannten drei Haupttypen unterschieden, die noch einmal in drei verschiedene Untertypen aufgeteilt werden:

Handlungsorientierte Typen:	der Macher
	der Umsetzer
	der Perfektionist
Sachorientierte Typen:	der Neuerer/Erfinder
	der Beobachter
	der Spezialist
Kommunikationsorientierte Typen:	der Koordinator
	der Gruppenarbeiter
	der Weichensteller

Dieser Test ist nach unserer persönlichen Erfahrung äußerst hilfreich, um die Struktur der Beziehungen innerhalb eines Teams transparent zu machen. Er stellt gleichzeitig einen fruchtbaren Ausgangspunkt für Reflexion im Team und gemeinsame

57 Strobel, Teamarbeit, S. 26..

Teamentwicklung dar. Für einen solchen Test, selbst wenn er eher „spielerisch" durchgeführt wird, sollte man immer das Einverständnis der Beteiligten einholen. Dem einzelnen Mitarbeiter hilft der Test, seinen Bereich des „blinden Flecks" zu erkennen und zu verkleinern. (Siehe auch Kapitel „Den eigenen blinden Fleck verkleinern".)

BEISPIEL

Fallbeispiel Sonjas blinder Fleck

Sonja ist eine erfahrene, ältere Altenpflegerin, die bei Vorgesetzten und Kollegen gleichermaßen beliebt ist. In der Fortbildung, die das gesamte Team kürzlich zum Thema „Bessere Kommunikation im Team" besuchte, gewann sie eine völlig überraschende Erkenntnis über sich selbst. Die Stimmung im Team war wie üblich freundlich frotzelnd. Als Außenstehender merkte man sofort, dass hier ein angenehmes Arbeitsklima herrschte. Dann kam die Auswertung des o.g. Tests. „Nein! Das stimmt doch überhaupt nicht! Dass ich der Macher-Typ sein soll! Nie im Leben!", entfuhr es Sonja und man merkte ihr an, dass sie ehrlich empört über ihr Testergebnis war. „Ich bin doch eher ruhig und zurückhaltend." Alle anderen redeten gleichzeitig auf sie ein: „Ja, du bist zwar ruhig, aber wenn du etwas sagst, dann sorgst du immer für eine klare Orientierung, und außerdem beendest du dadurch häufig unsere unergiebigen Diskussionen." So ging es noch eine Viertelstunde weiter. Und sogar nach dem Ende des Seminartermins auf dem Weg zu ihren Autos diskutierten die Kollegen noch weiter.

Wie bei fast allen Testergebnissen muss man auch hier differenzieren: „Es handelt sich hierbei um Archetypen, die in ihrer Reinform selten auftreten werden. Meistens liegen mehrere, unterschiedlich gewichtete Charakterzüge vor."[58]

58 Strobel, Skript, S. 17.

Der ideale Chef – Die ideale Chefin

Die Art und Weise, eine führende berufliche Position im Altenhilfebereich auszufüllen, ist von der eigenen Persönlichkeit und den äußeren Rahmenbedingungen abhängig. Innerhalb der gesetzlichen Bestimmungen und den konkreten Vorgaben des Trägers und der Vorgesetzten hat jede Führungskraft einen bestimmten Spielraum, in dem sie ihren eigenen Stil entfalten kann. „Der Erfolg der Personalführung ist bestimmt durch die Interaktion zwischen Führungskraft und Geführten. Diese wiederum ist abhängig von den persönlichen Eigenschaften und Erfahrungen der beteiligten Personen. Sie ist bestimmt durch die eigene Erziehung, Erwartungen, Ziele, persönliche Anlagen und die konkrete Gruppenstruktur. Zudem ist die Führungssituation ein dynamischer Prozess."[59] Fachkenntnisse zum Thema Führung sind auf jeder Hierarchieebene unerlässlich, um Reibungsverluste zu vermeiden. Altenpflege findet immer im Rahmen eines Beziehungsgefüges in der jeweiligen Einrichtung statt. Es kann vorkommen, dass ein schwieriger Mitarbeiter nur deshalb schwierig ist, weil der Rahmen nicht zu ihm passt oder er seinerseits nicht in den Rahmen passt.

Im Kapitel „Der ideale Mitarbeiter – die ideale Mitarbeiterin" wurde bereits betont, dass die Verantwortung für die Gestaltung dieses Rahmens bei der jeweiligen Führungskraft liegt. Deshalb sollte man als Vorgesetzter durchaus auch mal einen Blick nach „innen" richten und überprüfen, ob und inwieweit man selbst für die Schwierigkeiten des betroffenen Mitarbeiters (mit)verantwortlich ist. Das nun folgende Kapitel unternimmt deshalb einen kleinen Exkurs in das Thema „Führungsmanagement" mit dem Fokus auf die Reflexion des eigenen Führungsverhaltens.

In der Weiterbildung „Führungsmanagement in Non-profit-Organisationen" der FH Münster musste jeder Teilnehmer zu Beginn die Frage beantworten: „Welche guten Chefs hatte ich bisher?" Die Antworten auf diese Frage fielen ernüchternd aus und hatten alle denselben Tenor: „Eigentlich gar keinen!" Es ist also wohl gar nicht so einfach, ein guter Chef zu sein, und ideale Chefs sind dann sicherlich erst recht Mangelware.

Vielleicht kommt manch einem Leser die folgende Situation bekannt vor:

59 Douma, S. 68.

BEISPIEL

Fallbeispiel Die neue Chefin

Die neue Heimleiterin Edith Muckermann stellt sich bei allen Mitarbeitern am Anfang der Dienstbesprechung kurz vor. Sie war in den Jahren zuvor Leiterin eines Altenheims bei demselben Träger in einer anderen Stadt. Bereits zu Beginn ihrer kleinen Antrittsrede klingt zwischen den Zeilen Kritik an der bisherigen Leitung durch. Und es fallen mehrfach Sätze wie: „Hier muss mal frischer Wind rein!" und „Extrawürste gibt es bei mir nicht!" Der Altenpfleger Dieter, der wegen seiner problematischen familiären Situation eine Ausnahmeregelung bezüglich seiner Dienstzeiten mit dem alten Heimleiter vereinbart hatte, macht sich Sorgen, ob er dann überhaupt noch dort weiterarbeiten kann. „Mensch, die könnte mich doch wenigstens mal fragen, was der Grund für meine Extrawurst ist", sagt er zu seinen Kollegen. Die anderen stimmen ihm verärgert zu: „Die tut ja so, als wenn wir hier bisher nur schlecht gearbeitet hätten." Die Stimmung unter den Mitarbeitern ist im Keller.

Drei Wochen später beklagt sich Edith Muckermann abends bei ihrem Mann: „Also die Belegschaft in diesem Altenheim ist ja so was von schwierig! Ich komme gar nicht richtig an die ran."

Man muss in diesem Fall kein Hellseher sein, um der Heimleiterin auch zukünftig viel Ärger mit ihren Mitarbeitern zu prophezeien. *Ein* Grund dafür ist sicherlich, dass sie die Ursachen für Schwierigkeiten immer nur bei den anderen sucht und offensichtlich nicht in der Lage ist, bei sich selbst zu schauen.

Führungsverständnis und Führungsaufgaben bestimmen

Als Führungskraft muss man selbstverständlich „führen" können. Doch was versteht man darunter? Wieder hilft ein Blick in den DUDEN weiter: „Den Weg zeigen, mitgehen, leiten, lotsen, schleppen, geleiten", aber auch „anleiten, anweisen, coachen, mit gutem Beispiel vorangehen" oder auch „an der Spitze stehen, der Kopf sein, das Kommando haben, bewegen und vorantreiben."[60] Es sind also durchaus unterschiedliche Tätigkeiten, die von einer Führungskraft erwartet werden, wie es auch der Realität entspricht. Je nach Situation und der Person des Mitarbeiters, mit dem man es zu tun hat, sind verschiedene Fähigkeiten erforderlich.

60 Duden, S. 399.

BEISPIEL

Stimmen aus der Praxis: „Führungsaufgaben einer PDL"

„Zuständigkeiten verteilen
Moderieren
Koordinieren
Organisieren
Kritik äußern und annehmen
Fördern der Mitarbeiter
Interessen der Teams vertreten
Informieren
Konflikte lösen
Kooperieren
Leistungen anerkennen
Mitarbeiter beteiligen
Vorbild für Mitarbeiter sein
Ergebnisse verantworten"

Die Antworten stammen aus unseren verschiedenen Seminaren für Führungskräfte. Die genannten Verhaltensweisen sind wörtliche Zitate, die Reihenfolge rein zufällig.

Dieser Aufgabenliste ist eindeutig zu entnehmen, dass die Verantwortung für den Umgang mit den schwierigen Mitarbeitern bei der Führungskraft liegt. Je nach Lage der Dinge muss man mal über die eine und mal über eine andere der oben genannten Fähigkeiten verfügen, um die Probleme lösen zu können.

BEISPIEL

Fallbeispiel Unverschämter Ton

Leonard, seit vier Jahren Altenpfleger im Haus Abendsonne, leistet gute Pflegearbeit und ist bei den Bewohnern recht beliebt. Im Team allerdings fällt er durch seine unverschämte Kritik häufig auf: „Du könntest deinen dicken Hintern auch mal schneller bewegen!" oder „Als das Fachwissen verteilt wurde, haste im Fachseminar wohl immer gefehlt, oder? Haste dein Examenszeugnis im Lotto gewonnen?", sind Äußerungen, die seine Kolleginnen und Kollegen fast täglich zu hören kriegen. Einige haben schon um Versetzung innerhalb des Hauses gebeten; und zwei Kolleginnen weigern sich inzwischen, in einer Schicht mit ihm eingesetzt zu werden. Die PDL weiß nicht, wie sie mit dem Verhalten von Leonard umgehen soll.

In diesem Fall hätten die Vorgesetzten von Leonhard bereits bei erstmaligem Auftreten des unerwünschten Verhaltens sofort ein Problem- bzw. ein Kritikgespräch (s. Kapitel „Schwierige Gespräche führen") ansetzen und führen müssen. Denn so weit, dass Kollegen um Versetzung bitten müssen, um der Situation zu entgehen, darf man es als Vorgesetzter nicht kommen lassen. Wenn Leonhard sein Verhalten

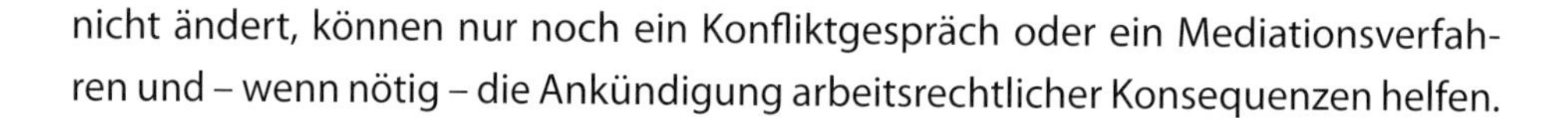

nicht ändert, können nur noch ein Konfliktgespräch oder ein Mediationsverfahren und – wenn nötig – die Ankündigung arbeitsrechtlicher Konsequenzen helfen.

Die eigenen Werte hinterfragen

Ganz am Anfang dieses Buches haben wir darauf hingewiesen, dass es immer auch vom eigenen Menschenbild abhängt, welches Verhalten man als „schwierig" definiert. Um es noch einmal an einem Beispiel zu verdeutlichen: Es kann vorkommen, dass die eine Führungskraft das selbstbewusste, kumpelhafte und betont lässige Verhalten eines Mitarbeiters als unverschämt, vorlaut und frech ansieht, sich entsprechend provoziert fühlt und sich immer wieder über den Mitarbeiter ärgert. Demgegenüber hat eine andere Führungskraft bei gleicher Konstellation überhaupt keine Schwierigkeiten mit solchen Verhaltensweisen und würde den betreffenden Mitarbeiter eher als kritisch, konstruktiv und ein bisschen direkt beschreiben.

Innerhalb eines individuellen Spektrums gibt es jedoch allgemeine Werte für diesen speziellen Arbeitsbereich, die, wie der Umkehrschluss der „Stimmen aus der Praxis", die auf der ersten Seite unseres Buches zitiert wurden, sehr deutlich belegt, grundsätzlich als wichtig und wünschenswert für die Arbeit in der Altenpflege angesehen werden: Zuverlässigkeit, Verträglichkeit, Hilfsbereitschaft, Offenheit und das Bewusstsein für das Machbare. Zudem sollten die Mitarbeiter in der Lage sein, ihre Grenzen zu erkennen, selbstbewusst mit Konflikten umgehen, anständig, ehrlich und zugleich taktvoll, höflich und freundlich sein.

Welche grundlegenden WERTE bestimmen das eigene Welt- und Menschenbild? Die Hauptfrage ist doch: Traut man seinen Mitmenschen – in diesem Fall seinen Mitarbeitern – zu, dass sie von sich aus ihr Bestes geben wollen? Glaubt man an das Gute im Menschen? So wie der französische Philosoph *Jean-Jaques Rousseau,* der sagte: „Der Mensch ist von Natur aus gut"? Oder hält man es eher mit dem englischen Philosophen *Thomas Hobbes*, der vom „Homo homini lupus"[61] sprach und damit meinte, dass der Mensch von Natur aus böse ist? Je nachdem, welcher dieser beiden Grundhaltungen man zustimmt, wird man seinen Mitmenschen gegenüber entweder wohlwollend und gutgläubig oder aber misstrauisch und kontrollierend gegenübertreten. Auf der Basis einer der beiden Sichtweisen entwickeln sich dann jeweils unterschiedliche Einstellungen zu Führungsaufgaben, Führungsstil und Kommunikationsverhalten.

61 lateinisch = wörtlich: „Der Mensch ist des Menschen Wolf".

Entscheidend ist sicherlich, welche Erfahrungen man selbst im Leben bisher gemacht hat. „Wer sich selbst als Untergebener stark entfalten konnte, wird als Führungskraft selbstverständlicher die Mitarbeiter in Entscheidungen einbeziehen und ihnen größere eigenständige Entscheidungsspielräume lassen."[62]

Das eigene Führungsverhalten reflektieren

Wer als Chef oder Chefin nicht bereit ist, über das eigene Verhalten nachzudenken und sich von anderen Personen in Frage stellen zu lassen, verschenkt wichtige Chancen, die eigenen Stärken und Schwächen zu erkennen und zu erfahren, wie man wirkt und was die anderen von einem halten. Ob man dieses Wissen dann nutzt, um sein Verhalten zu ändern oder nicht, entscheidet ohnehin jeder selbst.

BEISPIEL

Fallbeispiel Rundgang durchs Haus

Vor vielen Jahren führte ich als Fachseminarleiterin eine neu eingestellte junge Dozentin durch unsere Räume und erklärte ihr unsere Abläufe und Besonderheiten. Die Besichtigung endete mit meinem – durchaus ernst gemeinten – Satz: „Und wenn Sie noch Fragen haben, dann können Sie mich jederzeit gerne ansprechen." Dann sauste ich wieder in mein Büro, denn es war gerade Prüfungszeit und viel zu tun. Der skeptische Blick der neuen Mitarbeiterin hätte mir zu denken geben müssen! Monate später sagte sie zu mir: „Du hast damals zwar gesagt, ich könne dich jederzeit ansprechen. Aber deine Körpersprache hat ziemlich deutlich signalisiert: „Und wehe, wenn du mich nicht in Ruhe lässt!" Dieses Feedback war für mich sehr wertvoll, weil es mir die Augen geöffnet hat darüber, wie wenig ich von meiner Hektik und meinem Stress hatte verbergen können. Und ich hatte immer gedacht, ich hätte mich gut im Griff!

Wenn man aber als Führungskraft willens ist, sein Verhalten unter die Lupe zu nehmen und kritisch zu prüfen, bieten sich die folgenden Ansatzmöglichkeiten und Instrumente an:

Indirektes Feedback erkennen

FEEDBACK ist ein SOZIALES KONTROLLINSTRUMENT, mit dem man prüfen kann, ob die eigene Intention so angekommen ist, wie man es beabsichtigt hat. Jeder

62 Douma, S. 64.

erhält im Alltag den ganzen Tag lang – meistens ungefragt und oft auch unbeabsichtigt – Rückmeldungen zum eigenen Verhalten von seinen Mitmenschen, also INDIREKTES Feedback. Dieses kann in unbedachten, unreflektierten Äußerungen nebst der dazugehörenden Körpersprache bestehen, also in ganz normalem Gesprächsverhalten oder in Handlungen. Wenn man zum Beispiel einen Mitarbeiter kritisiert hat und dieser beim Verlassen des Raums lautstark die Tür hinter sich zuknallt, ist das ein indirektes Feedback. Nun kann allerdings Türenknallen vielerlei bedeuten: Vielleicht möchte mein Gesprächspartner mir damit – indirekt - sagen, dass er eine andere Meinung hat oder er ziemlich wütend ist. Oder aber es herrscht einfach nur Durchzug, und die Tür ist dem Mitarbeiter unbeabsichtigt aus der Hand geflogen. Die Gefahr von Fehlinterpretationen ist bei indirektem Feedback also relativ hoch. Das ist *ein* Grund dafür, warum Kommunikation im Alltag häufig nicht befriedigend verläuft.

INFO

Indirektes Feedback

Im Alltag erfolgt Feedback meist indirekt. Die Gesprächspartner sagen nicht: „Das, was du tust, macht mich wütend", sondern sie sind wütend und verhalten sich dementsprechend. Dieses Verhalten in Form einer Handlung oder einer unreflektierten verbalen Äußerung nennt man indirektes Feedback. Ein indirektes Feedback birgt grundsätzlich die Gefahr, dass es falsch interpretiert wird.

Drei Gründe können hierfür ursächlich sein:
Erstens: Man bezieht das Verhalten des anderen auf sich, obwohl man selbst gar nicht die Ursache für die bestimmte Handlungsweise des anderen ist. Beispiel 1: Ein Mitarbeiter grüßt morgens sehr unfreundlich, weil er schon beim Frühstück Ärger mit seiner Frau hatte. Man bezieht sein Verhalten auf sich und grübelt lange darüber nach, was man ihm wohl getan haben könnte. Dabei ist man in diesem Fall nicht die Ursache für das Verhalten.
Zweitens: Man bezieht das Verhalten des anderen auf eine bestimmte eigene Verhaltensweise, die aber diese Reaktion des anderen gar nicht ausgelöst hat. Stattdessen hat eine ganz andere eigene Verhaltensweise des anderen diese Reaktion hervorgerufen. Beispiel 2: Ein Mitarbeiter unterbricht den Kollegen in der Teambesprechung ständig. Dieser denkt, der Mitarbeiter tue das deshalb, weil er seine ausführlich dargelegte Meinung ablehnt. In Wirklichkeit unterbricht der Mitarbeiter den Kollegen aber nur deshalb so oft, weil der ihm zu langatmig redet; inhaltlich ist er aber durchaus derselben Ansicht. (Ein Teufelskreis entsteht dann, wenn man nur deshalb so langatmig und umständlich erklärt, weil man denkt, man müsse den anderen von seiner Meinung überzeugen.)
Und drittens gibt es die Äußerungen, in denen Gefühle mitschwingen. Gefühle können grundsätzlich besonders leicht falsch interpretiert werden: Ärger, Angst, Trauer, Enttäuschung oder andere Emotionen zeigen sich bei jedem Menschen unterschiedlich, und die Gefahr einer Fehldeutung ist hier besonders groß. Leicht verwechseln kann man zum Beispiel Trauer und Hilflosigkeit.

Wesentlich hilfreicher ist die Form des KONSTRUKTIVEN Feedbacks, (s. Kapitel „Schwierige Gespräche führen“). Man vergibt sich als Führungskraft nichts, wenn man sich dieses Feedback von einem oder mehreren ausgewählten Mitarbeitern („Untergebenen“) einholt.

Den eigenen blinden Fleck verkleinern

Es gibt im Alltag genügend Möglichkeiten, sich gezielt und bewusst Rückmeldungen über das eigene Verhalten einzuholen, indem man jede Gelegenheit nutzt, Mitarbeitern oder Kollegen klare und konkrete Rückmeldungen zu entlocken. Man kann außerdem Tests oder Fragebögen nutzen, an entsprechenden Fortbildungen teilnehmen oder sich ein Coaching leisten. (Manche Arbeitgeber bieten ihren Mitarbeitern bereits regelmäßige Coachings oder – seltener – Supervision an.) All diese Maßnahmen sind geeignet, den eigenen „blinden Fleck“ zu verkleinern.

INFO

„Blinder Fleck“

Ein Blinder Fleck ist der Bereich in der Selbstwahrnehmung, den man selbst nicht wahrnimmt und von sich selbst nicht kennt, der aber von anderen durchaus wahrgenommen wird. Wissenschaftler entwickelten ein Modell in Form eines Fensters mit vier Flügeln, das sog. „JoHaRi-Fenster“, das den Rahmen der zwischenmenschlichen Beziehungen darstellen soll: Der erste Flügel stellt den Teil unserer Persönlichkeit dar, der uns selbst und den anderen bekannt ist, also den *öffentlichen* Bereich, hier können wir frei handeln und müssen nichts vor anderen verbergen. Der zweite Flügel ist der *„Blinde Fleck“*. Hier sehen andere einen Teil unseres Verhaltens, den wir selbst bei uns nicht wahrnehmen. In diesem Bereich liegen also die Unterschiede zwischen unserem Selbstbild und dem Fremdbild. Der dritte Flügel ist der Bereich unserer heimlichen Wünsche, des Denkens und Handelns, den wir *bewusst* vor anderen verbergen wollen. Der vierte Bereich ist der, der weder uns selbst noch anderen bekannt und zugänglich ist, also die *unbewussten* Anteile unserer Persönlichkeit, zu der allenfalls Tiefenpsychologen einen Zugang finden können.

Man kann von Führungskräften erwarten, dass sie bereit sind zur Reflexion: über die eigene Persönlichkeit, ihre typischen Verhaltensweisen, die Wirkung auf andere, die Beziehungen zwischen sich und dem Team bzw. den einzelnen Mitarbeitern und dem gesamten Umfeld. Bereitschaft zu lebenslangem sozialen Lernen sollte selbstverständlich sein.

Damit es einem nicht so ergeht wie dem Geisterfahrer, der den Verkehrshinweis hört: „Achtung, Autofahrer auf der A1! Zwischen Köln und Wuppertal kommt Ihnen ein Falschfahrer entgegen!", und der zu sich selbst sagt: „Was heißt hier einer? Hunderte! Hunderte!"

Den eigenen Führungsstil herausfinden

Der Führungsstil, der in einer Einrichtung gepflegt wird, hat einen erheblichen Einfluss auf die Zufriedenheit und die Leistungsbereitschaft der Mitarbeiter. Beides wirkt sich wiederum auf die Zufriedenheit der Bewohner, Patienten und Angehörigen und damit auch auf den Erfolg des Unternehmens aus. Es gibt seit den 1950er-Jahren eine Vielzahl an Forschungsergebnissen zu effektiven Führungsstilen. Hier werden kurz die Führungsstile nach *Lewin* beschrieben, weil sie am ehesten für eine Reflexion geeignet erscheinen:

INFO

Verhalten bei verschiedenen Führungsstilen (nach Lewin)[63]:

Autoritärer Stil:	bestimmt jeden Arbeitsgang, entscheidet, wer mit wem zusammenarbeitet, lobt und kritisiert ohne Angabe von Gründen.
Vorteile:	kurzfristig höhere Leistung, schnellere Entscheidungsstrukturen, keine Zeitverluste durch überflüssige Diskussionen, guter Überblick und Kontrolle.
Nachteile:	kein selbstständiges Arbeiten der Mitarbeiter, Kompetenzen der Mitarbeiter werden nicht voll genutzt, weniger Motivation guter Mitarbeiter, häufiger Rivalität und Aggressivität im Team, Suche nach Prügelknaben bei Kritik.
Demokratischer Stil:	stellt sein Fachwissen zur Verfügung, lässt den Mitarbeitern Raum für eigene Ideen und Kritik, gibt lediglich Ratschläge und Empfehlungen, lobt und kritisiert unter Angabe von sachlichen Gründen.
Vorteile:	bessere Motivation der Mitarbeiter, selbstständiges Arbeiten bei Fehlen der Führungskraft, erleichterte gegenseitige Fehlerkontrolle, langfristig gute Leistung.

63 zit. nach: Eckert/Eckert, S. 199 ff.

Nachteile: zeitraubende Entscheidungs- und Abstimmungsprozesse,
schlechte Eignung bei unterschiedlichem Niveau.

Laisser – faire* Stil: stellt nur Material zur Verfügung,
gibt Informationen und Ratschläge nur auf Anfrage,
hält sich von der Gruppe fern.

Vorteile: gute Eignung für kreative, selbstständige Mitarbeiter.

Nachteile: Möglichkeiten von Kompetenzstreitigkeiten,
Informationsverluste,
Bildung informeller Gruppen,
unklare Arbeitsverteilung,
geringe Leistung, Gefahr von Fehlern.

**Das Laisser-faire, frz. = das Gewährenlassen, Nichteinmischung*

„Selten werden die einzelnen Führungsstile in Reinform praktiziert."[64] Der Stil ist vielmehr abhängig von der Situation, der Struktur der Beschäftigten, der eigenen Persönlichkeit und der zu bewältigenden Aufgabe. Bevorzugt wird heute allgemein der demokratische Führungsstil. „Die Pflegedienstleitung benötigt (…) keine untergebenen Erfüllungsgehilfen. Stattdessen braucht sie Menschen, die selbständig denken und handeln – und zwar im Sinne der Einrichtung."[65]
Was passieren kann, wenn man als Führungskraft seinen Stil falsch einschätzt, zeigt das folgende Beispiel, das sich übrigens tatsächlich so im Alltag abgespielt hat:

BEISPIEL

Fallbeispiel Anmeldung zur Fortbildung

Zu Bernd, dem Leiter des kleinen privat geführten Altenheims, kommt Ute, eine engagierte, junge Altenpflegerin, die seit zwei Jahren im Haus gute Arbeit leistet. „Du, Bernd, ich habe mich zur Fortbildung „Einführung in die Validation" vom 4. bis 6. April angemeldet. Ich hab' nachgeguckt, da stehe ich nicht im Dienstplan. Und weil der Dirk die Fobi auch gerne machen will, habe ich den auch gleich mitangemeldet. Das geht doch in Ordnung, oder? Das Haus übernimmt doch wie üblich die Kosten?" Bernd tobt innerlich: „Das hat man nun von seinem kooperativen und mitarbeiterorientierten Führungsstil!", denkt er und sagt dann laut: „Also, so geht das aber nicht, darüber müssen wir noch in Ruhe sprechen, nur nicht jetzt."

64 Douma, S. 69.
65 Douma, S. 66.

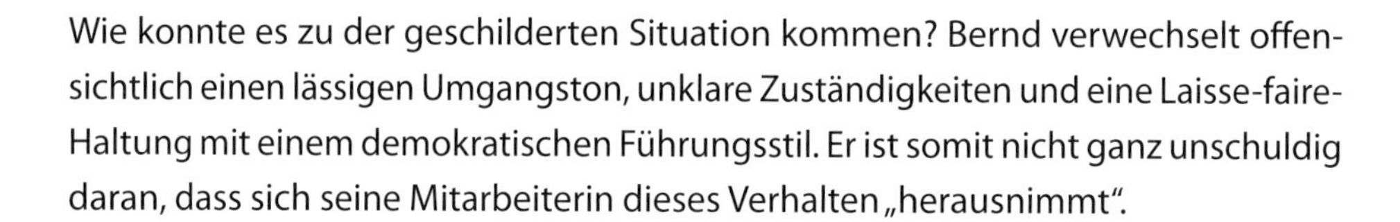

Wie konnte es zu der geschilderten Situation kommen? Bernd verwechselt offensichtlich einen lässigen Umgangston, unklare Zuständigkeiten und eine Laisse-faire-Haltung mit einem demokratischen Führungsstil. Er ist somit nicht ganz unschuldig daran, dass sich seine Mitarbeiterin dieses Verhalten „herausnimmt".

Rollenkonflikte wahrnehmen

Sprache ist verräterisch: Wenn man in Seminaren für Führungskräfte in der Altenpflege den Teilnehmern die Frage stellt: „Sprechen Sie lieber von Mitarbeitern oder von Kollegen?", dann erfährt man, dass viele Pflegedienstleitungen und fast alle Wohnbereichsleitungen das Wort Kollegin oder Kollege bevorzugen. Als Gründe dafür werden angegeben: „Weil wir doch alle die gleiche Qualifikation haben." „Weil ich immer noch an der Seite meiner Kollegen in der Pflege arbeite." „Weil ich doch nichts Besseres sein will." „Weil ich sonst ein ungutes Machtgefühl habe." Sich zum Kreis der Kollegen zugehörig zu fühlen, vermittelt vielleicht ein sicheres und „kuscheliges" Gefühl. Allerdings wird dieses gute Gefühl mit unklaren Strukturen erkauft. Anweisungen werden dann eventuell von den untergebenen Mitarbeitern nicht als solche erkannt oder bewusst nicht befolgt. Ärger ist dann die Folge. „Auch wenn es dem Selbstbild vieler Pflegedienstleitungen nicht entspricht, sich als Führungskraft zu sehen, so bestimmen sie dennoch durch ihr Verhalten, was (…) läuft. Wie selbstständig arbeiten die Angestellten? Tun sie das, was sie sollen und wie sie es sollen?"[66]

Eine Führungsposition innezuhaben, macht in gewisser Hinsicht „einsam". Entscheidungen, die man trifft und treffen muss, weil es zur Position dazugehört, werden nicht immer von den Untergebenen verstanden. Man wird kritisiert und vielleicht sogar boykottiert oder bekämpft. Als Ursache dafür kommen unklare Rahmenbedingungen in der Struktur und Organisation der Einrichtung „von oben" in Frage, aber auch „intrapersonelle" Rollenkonflikte.

INFO

Soziale Rollen und Rollenkonflikte

Jeder Mensch nimmt im Laufe seines Lebens verschiedene soziale Rollen ein: zum Beispiel in der Familie als Kind, Schwester oder Vater und später dann berufliche Rollen wie Auszubildender, Pflegefachkraft oder Pflegedienstleitung. Diese Rollen werden definiert durch typische Aufgaben und Eigenschaften, die der jeweiligen Rolle durch gesellschaftliche Normen und Werte und Vorschriften zugeordnet

66 Douma, S. 68.

werden. Sie sind also unabhängig von der individuellen Person, sondern entstehen durch die jeweiligen Rahmenbedingungen.

Es gibt zwei grundsätzlich unterschiedliche Arten von sog. **Rollenkonflikten**. Ein **„Interrollenkonflikt“** (inter = zwischen) liegt immer dann vor, wenn die Anforderungen aus verschiedenen Rollen für eine Person nicht miteinander in Einklang zu bringen sind: Jemand soll Überstunden machen, muss aber sein Kind pünktlich vom Kindergarten abholen. Hier kollidiert die Rolle eines Arbeitnehmers mit der Rolle als Vater oder Mutter, ein typischer Konflikt *zwischen verschiedenen Rollen*.

Ein **„Intrarollenkonflikt“** (intra = innerhalb) liegt immer dann vor, wenn eine Person nicht genau weiß, wie sie eine ihrer Rollen – zum Beispiel die als Pflegedienstleitung – persönlich ausfüllen soll. Soll sie streng und penibel oder verständnisvoll und mitfühlend sein? Die eigenen Anforderungen, aber auch die Erwartungen, die von außen (vom Geschäftsführer, der Heimleitung, dem Betriebsrat, den Mitarbeitern, den Angehörigen, den Bewohnern oder Patienten) herangetragen werden, sind häufig widersprüchlich. („Zwei Seelen wohnen ach in meiner Brust“, erkannte ja bereits Goethe.)

Sich mit seinem „Lieblings“-Kommunikationsstil auseinandersetzen

Zuvor wurden die acht Kommunikationsstile nach *Schulz von Thun* mit Blick auf die Mitarbeiter ausführlich beschrieben. Als Führungskraft sollte man sich auch einmal fragen, in welchem der Stile man selbst überwiegend kommuniziert.

Typische Kommunikationsstile von Vorgesetzten – unabhängig von der individuellen Persönlichkeit – sind sicherlich: der BESTIMMEND-KONTROLLIERENDE, der SICH DISTANZIERENDE, der HELFENDE und der AGGRESSIV-ENTWERTENDE Stil. Das entsprechende Kommunikationsverhalten kann man im Alltag oft beobachten, weil es einerseits mit den Aufgaben und der besonderen Verantwortung der Position und der Rolle von Führungskräften zusammenhängt und andererseits auch im Laufe des Berufslebens durch die täglichen Anforderungen immer mehr ausgeformt wird (vgl. Kapitel „Die acht Kommunikationsstile und ihre Bedeutung für die Praxis“ – Info „Berufliche Deformation“).

Das BESTIMMEN (im Sinne von anordnen, entscheiden) und das KONTROLLIEREN sind elementare Aufgaben einer Führungskraft. Deshalb findet man diesen Kommunikationsstil in der Praxis sicherlich häufig. Es ist eine Frage des persönlichen Führungsstils, ob man als Vorgesetzter wirklich *alles* entscheiden und anordnen will (= autoritärer Führungsstil) oder ob man eher auf Kooperation und Mitbestimmung innerhalb eines klar definierten Rahmens setzt (= demokratischer Führungsstil).

Wie bereits erwähnt, ist eine SICH DISTANZIERENDE Haltung für jeden Beruf – und insbesondere für einen helfenden Beruf – nötig, um nicht vereinnahmt zu werden. Gerade für Vorgesetzte „erweist sich (...) die Fähigkeit, zwischenmenschliche

Distanz zu wahren, als Vorteil."[67] Diese professionelle Distanz verhindert die Gefahr, sich über die eigene Rolle und die Aufgaben nicht im Klaren zu sein (s.o. Fallbeispiel Anmeldung zur Fortbildung).

Ein Chef, der eine ausgeprägte HELFENDE Haltung im Berufsalltag zeigt, unterliegt ebensosehr der Gefahr, sich zu überlasten und zu überfordern, wie jeder Mitarbeiter auch. Seine eigenen Belastungsgrenzen zu erkennen, deutlich zu machen und einzuhalten, ist deshalb zum Wohle aller unbedingt nötig, denn erschöpfte oder gar ausgebrannte Führungskräfte können nichts mehr bewirken und werden ihrerseits zur Belastung für ihre Mitarbeiter und das gesamte Unternehmen. Eine klare Arbeitsplatzbeschreibung ist auch für Chefs – und deren Chefs! – hilfreich und unverzichtbar.

AGGRESSIV-ENTWERTEND auftretende Vorgesetzte sollten eigentlich längst der Vergangenheit angehören. Sie schaden nicht nur ihren direkten Mitarbeitern, sondern auch der Einrichtung und sich selbst. Wenn man als Vorgesetzter von sich weiß, dass man zu unüberlegtem, ungerechtem und jähzornigem Verhalten neigt, hat man ein großes Problem. Dieses besteht unter anderem darin, dass man auf diese Weise ein negatives Vorbild für alle in der Einrichtung abgibt mit der Folge, dass ein entsprechendes Verhalten auch bei seinen Mitarbeitern gefördert wird. „Wie der Herr, so's Gescherr", ist eine Redensart, die der Volksmund sicherlich nicht ohne Grund geprägt hat.

Will man sein Verhalten ernsthaft ändern, könnte man mit folgender Übung versuchen, den Blick auf die Mitarbeiter zu schärfen, indem man sich eine „wohlwollende Brille" aufsetzt:

TIPP

Übung „Laudatio"

„Haben Sie eine(n) Mitarbeiter(in), von der/dem Sie den Eindruck gewonnen haben, dass sie(er) nicht viel taugt? Bitte nehmen Sie sich einmal die Zeit, alle positiven Eigenschaften, Leistungen und Verdienste dieses Menschen aufzuschreiben – so als ob Sie eine „Laudatio" (Lobeshymne) vorbereiten würden. Sollte Ihnen dazu ‚nicht recht etwas einfallen', nehmen Sie dies probehalber als Zeichen Ihrer Einäugigkeit und begeben sich in der nächsten Zeit auf eine kleine Entdeckungsreise!"[68]

Wenn Sie die Liste voll haben, überprüfen Sie, welche Punkte Sie dem Betreffenden schon einmal gesagt oder zu spüren gegeben haben.

67 Schulz von Thun, 2, S. 215.
68 Schulz von Thun, 2, S. 169.

Ein guter Rat für jede Führungskraft zum Schluss: Neben all dem Fachwissen, das dieses Buch in anschaulicher Form zu vermitteln versucht, kann auch ein wenig „gesunder Menschenverstand" bei der Lösung von Problemen mit schwierigem Verhalten von Mitarbeitern nicht schaden:

TIPP

- Ziele sowohl deutlich als auch flexibel handhaben,
- ohne dabei beliebig und wachsweich zu sein,
- klare Spielregeln vorgeben,
- keine Ausnahmen zulassen
- und konsequent bleiben im Sinne von beharrlich und berechenbar,
- aber auch: Anderssein erlauben und als Bereicherung ansehen.

Literaturverzeichnis

Andresen, Ulf: Als Führungskraft starten, Berlin 2011

Beckmann, Ursula: Traumberuf Altenpflege, Hannover 2015

Beckmann, Ursula: Interviews mit Altenpflegerinnen und Altenpflegern 2007 – 2011, unveröffentlichtes Manuskript, 2011.

Bender, Susanne: Teamentwicklung, München 2002

Cerwinka, Gabriele/Schranz, Gabriele: Nervensägen – So zähmen Sie schwierige Typen im Berufsalltag, 2. Akt. Aufl., Wien 2013

Cobaugh, Heike/Schwerdtfeger, Susanne: Vorsicht: Führungsfallen!, Weinheim 2014

Douma, Eva: Pflegekräfte pflegen, Berlin 2006

Douma, Eva: Mitarbeiterführung – Chrashkurs!, Berlin 2010

DUDEN 8, Das Synonymwörterbuch, 4. Aufl., Mannheim 2007

Eckert, Bärbel/Eckert, Christiane: Psychologie für Pflegeberufe, Stuttgart 2005

Faerber, Yvonne/Turck, Daniela/Vollstädt, Dr. Oliver: Umgang mit schwierigen Mitarbeitern, Freiburg 2006

Gerrig, Richard J./Zimbardo, Philip G.: Psychologie, 18. Aufl., München 2008

Glasl, Friedrich: Konfliktmanagement. Ein Handbuch für Führungskräfte, Beraterinnen und Berater, Bern 9. Aufl. 2009

Laufer, Hartmut: Praxis erfolgreicher Mitarbeitermotivation, Offenbach 2013

Lelord, Francois/André, Christophe: Der ganz normale Wahnsinn – Vom Umgang mit schwierigen Menschen, 15. Aufl., Berlin 2015

Lombardi, Oliviero: Schwierige Mitarbeiter, Führung, Motivation, Konfliktmanagement – Crashkurs!, Berlin 2012

Lorenz, Michael/Rohrschneider, Uta: Praktische Psychologie für den Umgang mit Mitarbeitern, 2. Aufl., Wiesbaden 2014

Pelz, Prof. Dr. Waldemar, Reiss Profile – Kritik der Theorie der 16 Lebensmotive, veröffentlicht am 15.10.2015, THM Business School (Technische Hochschule Mittelhessen)

Schmidbauer, Wolfgang: Helfersyndrom und Burnout-Gefahr, Vortrag 11. Pflegewerkstatt, 3.7.2004 in Münster

Schulz von Thun, Friedemann: Miteinander reden: 1 Störungen und Klärungen, Allgemeine Psychologie der Kommunikation, Reinbek 2011

Schulz von Thun, Friedemann: Miteinander reden: 2 Stile, Werte und Persönlichkeitsentwicklung, Reinbek 2011

Schwertfeger, Bärbel: Gesucht: Der perfekte Kollege Unternehmen wollen ihre Mitarbeiter besser einschätzen können – mithilfe fragwürdiger Persönlichkeitstests, in: ZEIT ONLINE 21.6.2012

Strobel, Heinz: Teamarbeit, Skript VÖGB Stand März 2007, unter www.voegb.at/service/skripten/teamarbeit.

Spenner-Schlupeck, Gabriele: „Betroffene zu Beteiligten machen", Pflegezeitschrift 1/2001

Tietze, Kim-Oliver: Kollegiale Beratung – Problemlösungen gemeinsam entwickeln, 5. Aufl., Reinbek bei Hamburg 2012

Westfälische Nachrichten vom 2.6.2016: „Pfleger verhöhnt Wachkoma-Patienten"

Die Autorinnen

Ursula Beckmann hat Altenpfleger ausgebildet und war als Leiterin eines staatlich anerkannten Fachseminars für Altenpflege in Herten und in Münster tätig.
Ferner hat sie langjährige Erfahrungen in der Fort- und Weiterbildung im Pflegebereich.
Seit 2007 arbeitet sie freiberuflich und unterstützt Pflegeeinrichtungen durch Beratung und Fortbildung in den Bereichen Teamentwicklung und Kommunikation. Seit 2008 ist sie Trainerin von Kollegialen Beratungsgruppen mit Systemischen Beratungsmethoden. Sie hat Sozialwissenschaften, Germanistik und Pädagogik studiert und ist von Haus aus Realschullehrerin.
www.team-komm.de

Ilka Beckmann, LL.M. (Queensland)
ist Hauptamtlich Lehrende an der Hochschule des Bundes für öffentliche Verwaltung, Fachbereich Finanzen in Münster. Neben den Rechtsfächern lehrt sie Managementlehre und bereitet dabei in Kommunikations- und Konfliktmanagementtrainings die Studierenden auf ihre künftige Führungsaufgabe vor.
Vor ihrem Eintritt in die Bundesfinanzverwaltung im Jahr 2010 war sie als Rechtsanwältin und Mediatorin tätig. Sie studierte Rechtswissenschaften in Münster und Brisbane/Australien. An der University of Queensland hat sie während des Masterstudiums ihre Mediationsausbildung absolviert, die sie 2006 mit einer Weiterbildung für Rechtsanwälte der Universität Bielefeld & gwmk (jetzt EUCON) komplettierte.